AF325337

ARSÈNE ALEXANDRE

La Collection
CANONNE

*Une Histoire en action
de l'Impressionnisme
et de ses suites*

EDITIONS BERNHEIM JEUNE
ET RENAISSANCE DE L'ART
PARIS 1930

LA
COLLECTION CANONNE

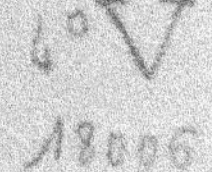

Cet ouvrage imprimé par
G. DE MALHERBE & Cie,
12, rue des Favorites, à Paris,
a été tiré à 2.020 exemplaires.
Dans les vingt premiers, qui
sont numérotés de 1 à 20 et
hors commerce, le texte est sur
Japon impérial et les gravures
sur couché mat teinté.
Dans les deux mille exem-
plaires suivants, le texte est sur
Chesterfield vergé, les gravures
sont sur couché mat teinté.

ARSÈNE ALEXANDRE

La Collection
CANONNE

*Une Histoire en action
de l'Impressionnisme
et de ses suites*

ÉDITIONS BERNHEIM JEUNE
ET RENAISSANCE DE L'ART
PARIS 1930

I

UN GRAND COLLECTIONNEUR
EST UN HISTORIEN

PʀÉꜱ de vingt années se sont écoulées entre le livre que l'auteur consacrait à la collection de Monsieur Henri Rouart et celui où il va décrire la collection de Monsieur Canonne afin d'en dégager l'esprit, la joie et les leçons.

Ce n'est point un amour-propre d'écrivain qui a dicté ce rapprochement, car la part des mots est bien modeste en présence des œuvres. Pas davantage une de ces fausses analogies qui sont si souvent la manie et l'écueil de certains critiques.

Il existe, entre ce collectionneur enthousiaste qu'est Monsieur Canonne et le grand collectionneur passionné de qui le nom est évoqué, deux sortes de relations d'autant plus remarquables qu'elles ne résident pas dans les personnalités que l'éloignement du temps a faites étrangères l'une à l'autre, mais que ces relations s'exercent purement dans le domaine des attractions et des idées. Rapports de tendances ; rapports de continuation.

Aussi ce que nous écrivions en 1912 se prouvera d'un bout à l'autre de notre étude, applicable, et d'une façon saisissante, au spectacle d'art qui se trouve ici présenté.

« Si cette galerie, était-il dit, fut d'une logique, d'une cohésion et d'une harmonie exceptionnelles, c'est par cette raison que Monsieur Rouart l'avait composée avant tout d'œuvres de son propre temps et de son propre pays. Je n'entends pas par là dire que toute collection d'objets anciens ou d'œuvres étrangères ne pourra pas offrir le même caractère d'unité ; cela serait un paradoxe insoutenable. Mais ce qui est certain, c'est qu'un homme qui a la patience et l'énergie de pratiquer dans sa propre époque, avec du discernement et de la méthode, les explorations auxquelles d'autres se livrent dans les temps antérieurs ou au delà des frontières, finit par composer une collection aussi extraordinaire et aussi captivante que les plus célèbres en quelque genre que ce soit ».

Voilà pour les relations de tendances. Voici maintenant pour celles de succession.

« L'amateur qui a groupé chez lui des œuvres significatives de ces artistes (ceux de son temps) et qui a choisi justement leurs notes les plus tranchées, celles mêmes dont on n'aurait pas voulu au moment même où l'on commençait à admettre qu'ils « n'étaient pas dépourvus de talent », cet homme-là se trouve, tout simplement, *avoir fait une véritable histoire en action de l'art de son siècle* ».

Cette histoire, il serait vain de vouloir l'écrire tout entière. Les musées d'art contemporain eux-mêmes n'y réussissent que très médiocrement. Il est en revanche méritoire et beau d'en réussir un chapitre complet se rattachant à ceux qui l'ont précédé. C'est ce qu'a réalisé Monsieur Canonne. Il se trouve avoir repris l'histoire au point où se terminait celle de Monsieur Henri Rouart. Pour celui-ci, Delacroix, Corot, Millet, Daumier étaient des aînés et en partie des disparus, comme sont pour notre collectionneur Claude Monet, Renoir, Cézanne, Pissarro. Mais le grand collectionneur de la rue de Lisbonne ne bornait pas aux morts plus ou moins récents ses nobles avidités. Je ne parle pas de Degas qui était son camarade, ni même de Manet à peu près son contemporain. Les nouveaux talents qu'il faisait se rejoindre sur un pied d'égalité avec ceux qu'il considérait comme consacrés, étaient précisément Claude Monet, Renoir, Pissarro. Il était, en un mot, *l'homme qui ne s'arrête pas*.

Or quant aux deux premiers de ces grands noms, Claude Monet

n'était encore que l'auteur du *Pavé de Chailly* et Renoir celui de l'*Amazone* et de la *Dame en bleu*. La collection Canonne les reprend presque tout de suite au point où les laissait Monsieur Rouart, et elle les suit jusqu'à leurs suprêmes expressions : Monet jusqu'à ce qu'il y a de plus subtil dans la peinture depuis qu'il y eut des hommes, et qui peignirent ; Renoir pour commencer à la *Gardeuse de vache* et à la *Jeune fille aux cheveux blonds* et finir sur les derniers balbutiements éperdus du « vieillard fou de couleur », titre qu'on peut revendiquer pour lui comme Hokousaï s'arrogeait celui de « vieillard fou de dessin ».

Ce n'est pas tout encore. Non seulement Monsieur Rouart se faisait le champion de ces maîtres alors encore violemment discutés, mais il leur avait déjà adjoint de nouveaux talents qui risquaient de l'être davantage, Gauguin par exemple. De même, avec un remarquable esprit de suite et un instinct très sûr, Monsieur Canonne a discerné les artistes qui dans les générations successives continuaient le mieux les grands impressionnistes même en différant d'eux profondément.

Il importe en effet de remarquer, si l'on veut bien comprendre l'art moderne, que ceux qui après avoir nié Monet et Renoir ont fini par s'assimiler tant bien que mal certaines apparences colorées, certains mélanges de tons, ne sont en aucune façon leurs continuateurs. Après le triomphe de l'impressionnisme proprement dit (et qui, en réalité, se limite à un si petit nombre de maîtres !) a pullulé une sorte « d'impressionnisme d'école » qui encombre les expositions et les Salons, et qui obstruerait les voies au lieu de les ouvrir plus avant. Ceux qui ont vraiment succédé à Claude Monet et à Renoir, ce sont ceux qui ont cherché autre chose qu'eux mais en apportant un même esprit de recherches. De là différentes bifurcations, mais issues d'un commun point de départ. Ainsi après Monet considéré comme le maître de l'analyse de la lumière, les « néo-impressionnistes » tels que, (outre Seurat disparu trop jeune pour pouvoir laisser de quoi alimenter une collection, mais non pour ouvrir des aperçus nouveaux), ces théoriciens du « mélange optique » Paul Signac et Henri-Edmond Cross, mais théoriciens en même temps constructeurs d'une œuvre importante et que la collection ne pouvait pas ne point accueillir largement.

Monet peut être non moins justement envisagé comme puissant dans la synthèse, car qui oserait soutenir que, par exemple, une de ses *Cathédrales* ou l'un de ses *Ponts de Londres* ne sont pas, suivant le point de vue d'où l'on se veut placer, des œuvres à la fois analytiques et synthétistes ? En réalité, l'emploi de ces deux termes a causé les plus étonnantes confusions, les plus étranges bévues. C'est qu'au fond ils représentent les deux éléments inséparables d'une même opération de l'esprit, et ce sera la conquête réservée à la critique de l'avenir de le démontrer.

En attendant nous pouvons soutenir que si l'esprit d'analyse dominant a fait succéder Signac et Edmond Cross à Monet en n'étant, suivant le mot si spirituel et si profond d'Alfred Capus, « séparés de lui que par un abîme », d'autre part, sans les conquêtes de clarté synthétique du même grand dominateur, des peintres tels que Henri Matisse et Raoul Dufy n'auraient sans doute pas pu se manifester ainsi qu'ils l'ont fait.

Autre bifurcation, pour abréger ces observations qui se développeront mieux lors de l'examen des œuvres : Renoir n'est-il pas, de par l'exemple de son abandon en présence de la nature, de par sa spontanéité, son amour de la vie, l'impromptu perpétuel de ses moyens d'expression, le père spirituel qui a dit ces mots magiques : « Allez, mes enfants ! » à Vuillard, à K.-X. Roussel, à Pierre Bonnard ?

D'autres rattachements plus ou moins directs pourront être notés ; mais, pour le moment, il importait de faire ressortir dans la présente collection ces qualités de logique instinctive et de conviction, servantes attentives d'ailleurs de la sensibilité, qui avaient brillé avec tant d'éclat chez Henri Rouart, inoubliable devancier. En les retrouvant ici, à mesure que le spectacle se déroulera devant nous ainsi ordonné, nous aurons constaté qu'à son tour Monsieur Canonne a réalisé par plaisir, par enthousiasme pour la belle peinture, ce que d'autres n'auraient pas pu obtenir du calcul, ni de l'esprit systématique, ni de l'esprit sectaire : une véritable histoire d'un chapitre considérable de l'art moderne : « l'impressionnisme » et ses suites.

Nous n'avons plus maintenant qu'à le suivre au fil de l'art.

II

JONGKIND L'INITIATEUR

CLAUDE MONET qui règne en souverain sur toute la galerie (Renoir, à la fois fraternel et indépendant, promenant son humeur vagabonde dans le domaine comme un Ariel) a pour introducteur et annonciateur un homme singulier, spontané, exceptionnel, venu à point pour personnifier toutes les qualités, toutes les tendances et tous les attraits de cette partie de l'art moderne dont nous étudions ici l'histoire.

Johan Barthold Jongkind est un peu comme un de ces arbres poussés tout seuls dans un sol qui a déjà produit beaucoup, mais qui se trouve redevenu fertile en faveur de ce providentiel intrus. Il était instinctif, un peu braque, doué d'une extraordinaire faculté graphique. C'était l'arbre à dessin.

Sans doute Claude Monet était naturellement appelé à devenir, de quelque façon que ce fût, un des souverains, *le* souverain, que nous honorons. Mais quelle eût été l'autre façon s'il n'avait pas rencontré Jongkind ? Le *Pavé de Chailly*, chez Monsieur Henri Rouart, nous le montrait lui-même à travers Corot. Puis *Camille*, le *Déjeuner*, nous l'affirmaient lui-même proche de Manet. Il était nourri de ces puissants aliments et se les était assimilés de telle sorte qu'il arborait dès ce moment une originalité irrésistible. Auparavant, quand il avait commencé de tenir un pinceau, il avait absorbé de même les encouragements et les avis judicieux du plus bienveillant et du plus naturellement fin des hommes, Eugène Boudin.

Mais réfléchissez à ceci. C'est en 1862 qu'il trouve sur sa route ce grand fou magnifique et baragouinant de Hollandais. *Monet n'a que vingt ans.* Jugez de ce que le choc a pu déterminer dans une nature aussi réceptive. J'ai raconté d'après Monet lui-même, dans le livre publié aux Éditions Bernheim-Jeune, la drôlerie expressive et décisive de cette rencontre : Jongkind dans une cour de ferme s'entêtant à peindre une vache indocile qui ne veut pas garder la pose ; un touriste anglais passant par hasard et s'offrant à tenir la ruminante, puis — cet inconnu est décidément un envoyé de la Providence — s'étant intéressé à un jeune peintre qui travaillait sur la route, et lui proposant de le présenter à celui qu'il ne connaissait pas davantage, il y a quelques heures.. J'entends encore Claude Monet, en 1921, me contant cette aventure avec l'enthousiasme d'une jeunesse retrouvée, me disant ce qui l'avait frappé dans les dessins et les études de cet homme de la nature, son aîné de vingt-et-une années ; et ce qu'il devait en retrouver à travers les périodes d'essai que nous venons de rappeler.

On trouve, d'autre part, d'amusants détails sur cette intimité vite scellée entre le débutant et son aîné dans la grande biographie de Jongkind par Moreau-Nélaton. Aussitôt rencontrés « Monet, dit le regretté écrivain, Monet s'attache à ce guide que la Providence lui envoie, et ne perd aucune occasion de s'instruire auprès de lui. Le maître et l'élève sont devenus une paire d'amis. Un album de Jongkind a conservé le souvenir des distractions auxquelles ils se livraient pendant leur repos. Son crayon y a enregistré les points d'une partie de dominos engagée à Saint-Siméon le 2 octobre 1854, — et que Monet lui a gagnée. » Il y avait gagné mieux encore, et le mot de Monet le reconnaît d'une manière saisissante, en propres termes : « On a toujours à gagner à regarder les paysages de Jongkind, parce qu'il peint sincèrement comme il voit et comme il sent ».

Nous nous serions bien mal expliqué si l'on entendait par là que la conjonction de cette jeunesse avec cette maturité toutes deux vigou-

reuses, ardentes et libres devait avoir une influence immédiate et directe. De pareils résultats sont, peut-on dire, à retardement. D'ailleurs,
comme nous le verrons, la carrière de Claude Monet, des premiers
Argenteuil aux derniers Giverny, est une éblouissante succession de
rejaillissements. Ceci sera mieux expliqué sur des exemples. Toujours
est-il que ce qui caractérisa spécifiquement l'*impressionnisme* en sa
fleur et débarrassé de tout ce qui le surchargea presque dès le début
et en obscurcit la notion, est dû pour une part à la rencontre des qua-
rante-et-un ans de Jongkind en pleine verve et des vingt-deux ans de
Monet en pleine activité. L'autre part, et bien entendu, de beaucoup
la plus grande et la plus importante, est le génie même de Monet
puisque pour tous les surhommes nourriture devient nature, assimilation transformation.

Ce n'est pas un hasard mais le fait d'un instinct vraiment exemplaire
qui a fait réunir à profusion dans la collection Canonne les témoignages les plus divers du dessin initiateur de Jongkind comme
préface à la réunion si brillante et si complète des œuvres de Monet.

Cette sorte de Juif errant de la peinture, qui avait beaucoup plus
de cinq sous dans sa poche puisqu'il jetait sur tous les chemins de
quoi enrichir des temps et des générations, apparaît ici ce qu'il est,
infatigable et multiple. Tout l'attire, et aussitôt attiré aussitôt jetant
sur le papier ces croquis cursifs, vivants, complets en quelques traits
rehaussés de quelques touches. Le vent s'amuse ; les arbres s'érigent
au bord des routes et vibrent ; ces routes filent rapidement jusqu'au
diable ; aux carrefours des villages, les boutiques étalent vaniteusement
leurs puériles enseignes ; puis de nouveau, c'est la pleine campagne, avec
une vieille ferme qui en a vu passer, des gens qui ne s'arrêtent pas ! Et
c'est encore Honfleur, et Dieppe, avec toute leur animation marinière.
C'est l'Escaut à Anvers, grand'route lumineuse d'air et d'eau, justi-
fiant si bien pour nos yeux et nos poumons, la définition de Pascal,
du « chemin qui marche ». Le motif favori (hélas ! imposé à la fin par
l'insuffisant succès, l'indifférence du public, la lassitude de tout,
excepté de dessiner avec furie) c'est ce panorama, admirable d'ailleurs
entre beaucoup, de la *Côte Saint-André*, où Jongkind s'était retiré,
ne pouvant se rassasier d'en étaler la plaine riante, d'en silhouetter le

fond modérément montagneux, mais d'une si belle continuité d'inflexions. Enfin, et l'on abrège l'énumération, parfois le grand dessinateur s'arrête plus longuement devant un personnage digne de causer avec lui, par exemple un *Bateau de pêche*, superbe de structure, se mirant d'un si beau reflet dans l'eau lissée.

Mais ce qui, peut-être, se rattache de nouveau plus directement à ce que sera Monet, ce qu'il n'a jamais oublié, ce que nous verrons revivre dans ses premiers paysages des débuts de l'impressionnisme, et que nous rencontrerons dans nos promenades avec lui à travers l'Ile-de-France, c'est cette façon de saisir l'arbre, d'en rendre la vie complète par des simplifications rapides et d'une justesse étonnante. Ce sont ces arbres, dont la collection Canonne est des plus riches, qui ont repoussé dans les paysages d'Argenteuil, dans les plaines de Vétheuil et de Giverny, comme le vieux Jongkind lui-même a repoussé, plus ou moins heureusement cultivé, dans la peinture du XIXe siècle — et même du XXe.

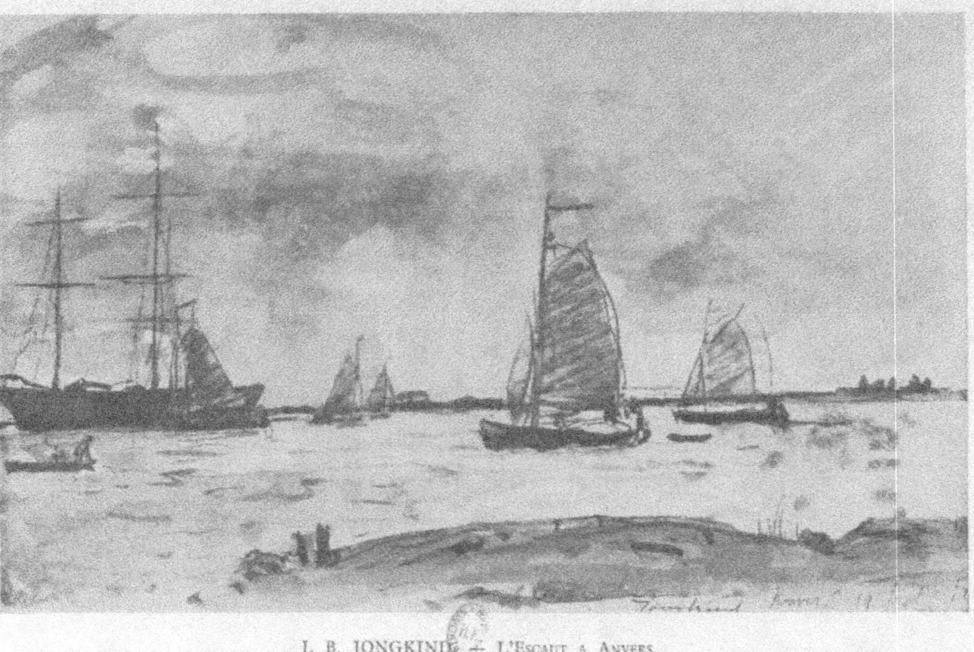

J. B. JONGKIND. — L'Escaut à Anvers.

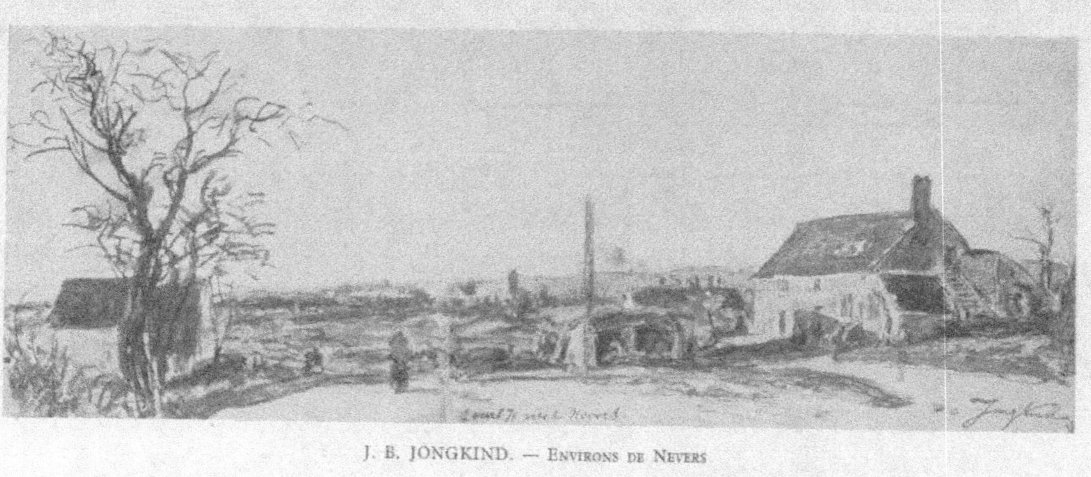

J. B. JONGKIND. — Environs de Nevers

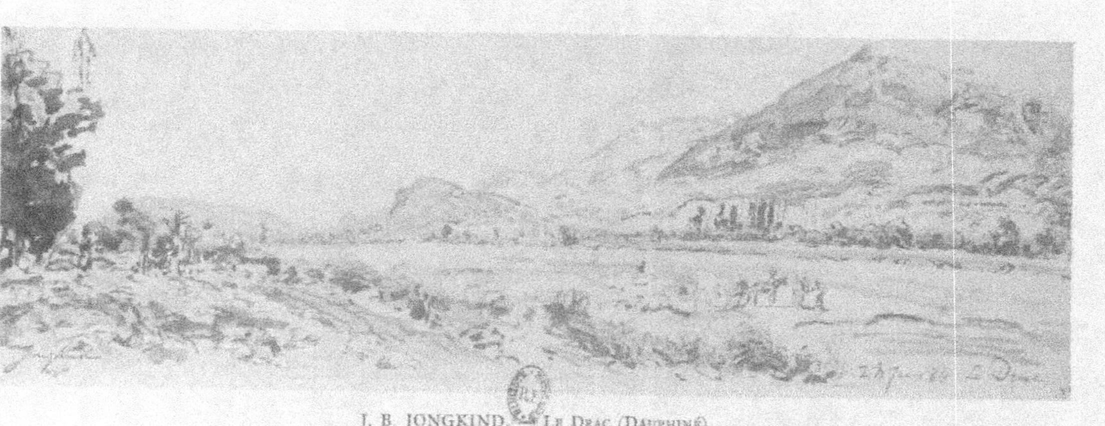

J. B. JONGKIND. — Le Drac (Dauphiné).

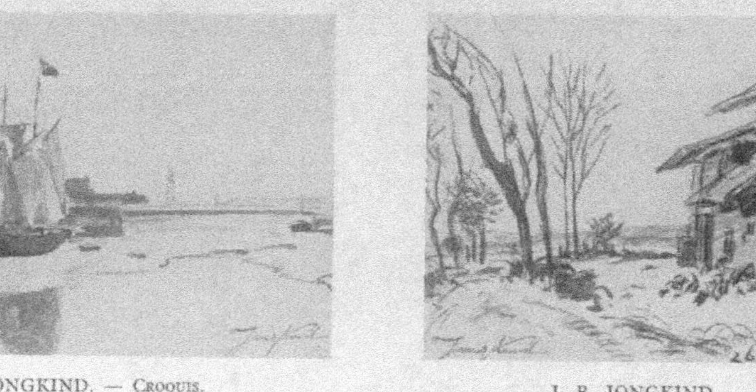

J. B. JONGKIND. — Croquis.

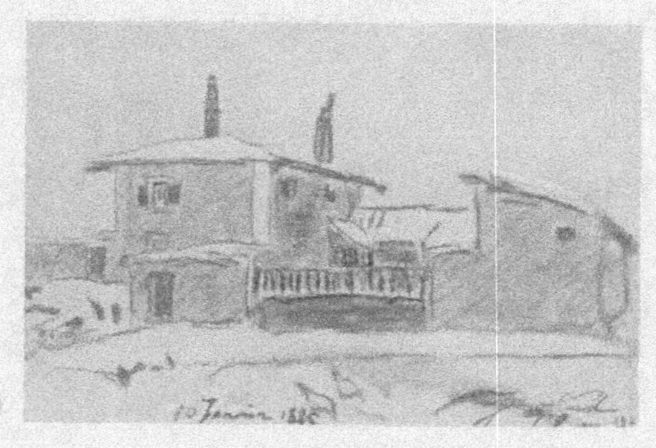

J. B. JONGKIND. — Croquis.

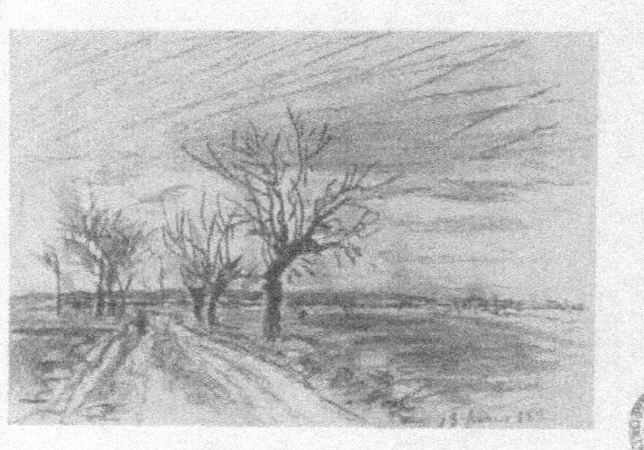

J. B. JONGKIND. — Croquis.

J. B. JONGKIND. — Croquis.

III

NOTRE INITIATION
A CLAUDE MONET

L'ŒUVRE de Claude Monet est une œuvre dans laquelle on entre.
Si singulière que soit cette définition, elle est moins naïve
qu'elle peut tout d'abord le paraître.

Elle vise surtout les critiques, et non des moindres, qui s'éton-
nèrent jadis de voir que le peintre semblât avoir banni à jamais de
ses paysages l'être humain.

Mais il nous a mis, nous !

Le grand paysagiste est moins celui qui nous fait dire : « C'est
bien ainsi que la nature se présentait à nous à telle ou telle heure,
dans telle ou telle saison », que celui qui nous fait penser : « C'est
bien ainsi que nous étions dans ce pays, ou dans cet autre, à cette
heure-là, cependant que nous éprouvions de la saison la caresse ou
la morsure, l'exaltation ou le bienfaisant apaisement ».

Il arrive ainsi qu'en dernier ressort, dans un beau paysage, le principal personnage, ce n'est pas la nature, c'est nous-mêmes. Plus le
peintre est divers en ce sens, plus il sera puissant sur nous. Il sera
lui en toute occasion et il sera nous en même temps. De même que
le grand écrivain est celui qui va à la rencontre de notre pensée au
point de nous donner l'illusion que c'est justement ainsi que nous

l'aurions exprimée, de même Claude Monet nous fait oublier tout d'abord que nous sommes devant une peinture, mais nous trouvons tout naturel d'être là, par hasard, et nous nous demandons comment il a pu savoir que nous y étions venus, et dans cette disposition de notre esprit, dans cette circonstance de notre vie.

Il est des peintres qui, au contraire, sont aussi séparés de nous que l'on peut l'être par une photographie ; d'autres enfin qui nous surprennent par leur habileté, ou par leur maladresse, et ceux-là dépassent le but, ceux-ci ne l'atteignent pas.

Monet, ayant toujours été l'homme le plus merveilleusement réceptif, a forcément rencontré le plus grand nombre de nos propres réceptions. Tous les temps, tous les sentiments, toutes les sensations, il les a éprouvés et exprimés. Il a pu paraître parfois, à ceux qui l'ont entrevu, un homme de froid abord, dur même, et si l'on ne savait pas à quel point il était émotif, on pourrait admettre qu'il n'a dépensé que dans son œuvre des trésors de sensibilités innombrables.

Tel est le caractère de toute une immense partie de son œuvre, c'est-à-dire de celle qui va de ses débuts jusqu'au moment où il s'éleva au-dessus de la peinture elle-même, pour tirer de la nature ce que l'oublié et si pénétrant Jean Dolent appela : « les réalités ayant la magie du rêve », et cette dernière phase va magnifiquement des *Cathédrales* jusqu'aux derniers *Nymphéas*.

La collection Canonne est si parfaitement comprise, et d'un si bel équilibre, en dehors même du choix et de la qualité des pièces, qu'elle nous permet de nous trouver aux côtés de Monet dans plus d'une étape de ce voyage au long cours d'une œuvre et d'une vie.

Sans doute n'y figurent pas les premiers paysages parisiens (du genre de *Saint-Germain l'Auxerrois*) qui s'animaient de très vivantes indications de passants, de ces « humanités » qu'il a fini par omettre pour les raisons que nous venons de développer. Toutefois nous pouvons partir avec lui, en suivant son bateau-atelier dans un des plus charmants tableaux de la collection.

L'on connaît cette barque pourvue d'une sorte de cabane qui en occupe près de la moitié. Manet l'a sténographiée dans une esquisse célèbre. Ici, elle glisse sur une eau transparente, dans une atmosphère d'automne humide mais si caressante ! L'original esquif évolue sur le fleuve en s'y reflétant, reflet indiqué en quelques touches. Tout le fond boisé, au détour, est d'un fauve doré. Nous respirons la bonne odeur des feuilles mortes... Cependant il y a encore des personnages dans cet adorable petit tableau. Ils sont assis dans la barque même : l'un d'eux ne peut être que Monet, l'autre ne peut être que vous.

Argenteuil marquait une phase capitale dans la première période de sa vie. Il cessait d'être nomade, ne s'étant guère fixé un moment qu'en campement à Fontainebleau en compagnie de Renoir et de Sisley. Combien de fois Renoir m'a-t-il conté ce moment d'anxieuse insouciance de trois jeunes peintres inconnus, dénués de ressources et résolus à n'en pas acquérir par les formules qui avaient alors le succès. Sisley représentait la gaîté à toute épreuve, lui devenu plus tard si sombre ! Renoir ingénieux, spirituel, sensible, moqueur, recourant à l'occasion, pour le gagne-pain commun, à l'exécution au compte d'un marchand spécialiste, de faux Théodore Rousseau qu'il réussissait suffisamment. Monet, lui, personnifiait la volonté, la volonté concentrée et inflexible. Lorsqu'il fut enfin fixé à Argenteuil, chez lui, la vie put présenter encore des heures difficiles, mais la nature se découvrait à lui plus vaste, on pourrait dire plus respirable.

De là cette souplesse, cette allégresse que prend désormais son talent, et dont nous venons de voir un si plaisant témoignage avec son bateau d'automne. Si ce n'est à Argenteuil même (ce que nous croyons) c'est dans le même esprit et d'une région analogue de l'Ile-de-France qu'est exécuté ce beau tableau d'*Un Soir* qui traduit un sentiment et dégage une émotion d'un autre ordre que le précédent. La rivière circule lentement entre des rives touffues. A droite s'élève un sombre massif d'arbres épais qui se reflète en une valeur profonde, plus sombre que lui-même. Sur l'autre rive (à gauche) des taillis moins épais sont ponctués, de place en place et jusqu'au fond, par de grands peupliers qui semblent une procession de pèlerins fantasques dans le crépuscule. Crépuscule poignant, presque tragique. Les feux rougis du soleil couchant, dont la plus forte lueur se répercute au centre de la nappe d'eau n'ont rien de rassurant avec ces nuages floconneux, rapides. C'est une heure de ces robustes mélancolies qui venaient plus souvent qu'on ne pense, visiter cet indomptable. Qui de nous n'a pas ressenti ces minutes de recueillement à la fois et d'inquiétude ? Irons-nous maintenant avec Claude Monet (puisque désormais nous sommes avec lui dans toutes ses campagnes et que ses états d'âme et les nôtres s'identifient) vers la pure et calme lumière ? Ce serait un jeu puéril de demeurer sur cette question, puisque nous savons la réponse. Mais le moment existe par lui-même et demeure fixé par l'art. On le retrouve quand on veut, et parfois bien à propos !

Ne le quittons donc pas encore, ce moment ambigu, qu'il faut d'ailleurs se garder de prendre pour une expression de pessimisme, car ce robuste conquérant de Monet ne manqua jamais de confiance ni d'espérance dans la nature. Il s'était déjà trop entretenu avec elle comme avec une maîtresse éprouvée, sûre, vivifiante, pour pouvoir jamais douter d'elle.

Une œuvre de la plus haute importance et de la plus rare valeur d'art, le *Pont de bois* en avant d'Argenteuil, est remplie de ce sentiment viril, mais teinté de quelque gravité dramatique. Dès le premier coup d'œil, cette peinture nous frappe par l'heureuse singularité et la nouveauté de sa construction. Le passage, les poutres qui l'étayent à chaque extrémité, et les culées de ce pont provisoire, découpent avec leur reflet dans l'eau une figure hexagonale très arrêtée et qui est l'ossature du tableau comme les arcs-boutants d'une église gothique, et contribuent à la fois à sa force et à sa beauté. La tonalité générale est de ce gris ardoisé dont plus qu'aucun des grands impressionnistes à leur début, Claude Monet joua en harmoniste supérieur. Le ciel et l'eau s'accordent indissolublement dans ce cadre d'un fantastique réel. Un coucher de soleil brouillé joue au centre de ce tableau lourd d'émotion et indéfinissable d'atmosphère, et au fond l'on aperçoit la silhouette caractéristique d'Argenteuil avec le clocher de la ville. Ceux qui ont promené leurs anxiétés plus ou moins passagères aux environs du Paris d'alors, les retrouvent condensées dans une page aussi admirable, et pour ceux qui commencent ou continuent la vie, à présent comme elle le fera dans l'avenir, elle exprime, dans un métier rare, abstraction faite des lieux et du temps, tout ce que l'art peut tirer de l'inquiétude humaine.

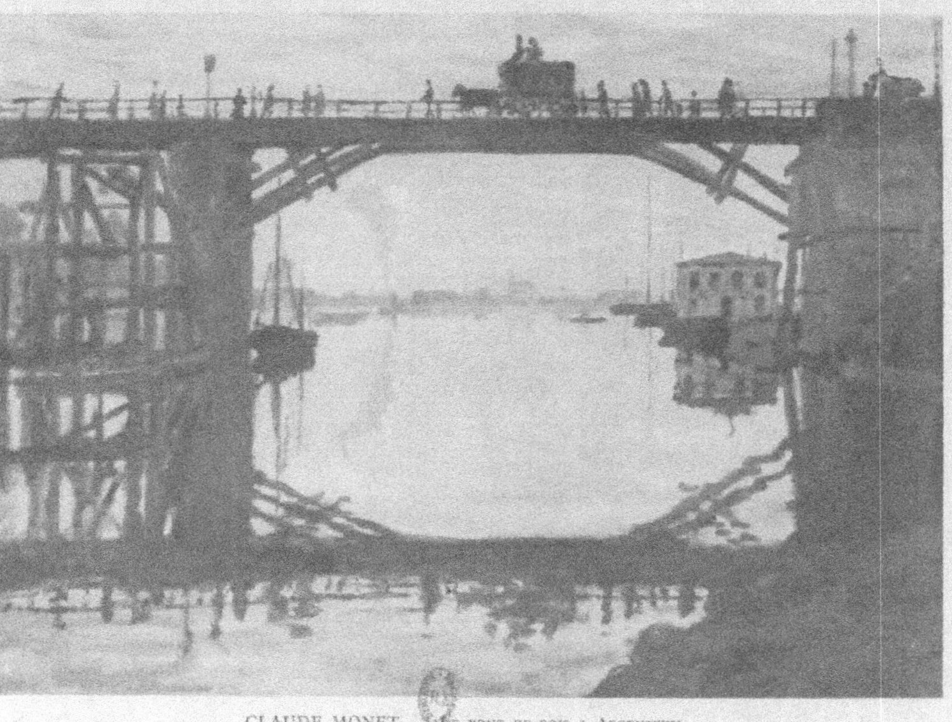

CLAUDE MONET. — LE PONT DE BOIS À ARGENTEUIL.

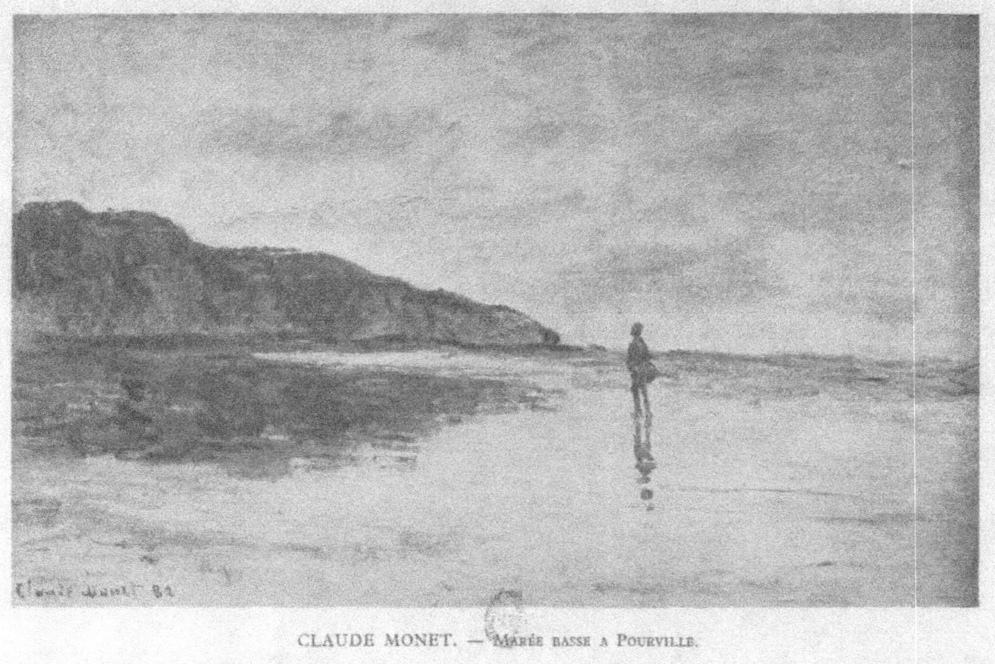

CLAUDE MONET. — Marée basse a Pourville.

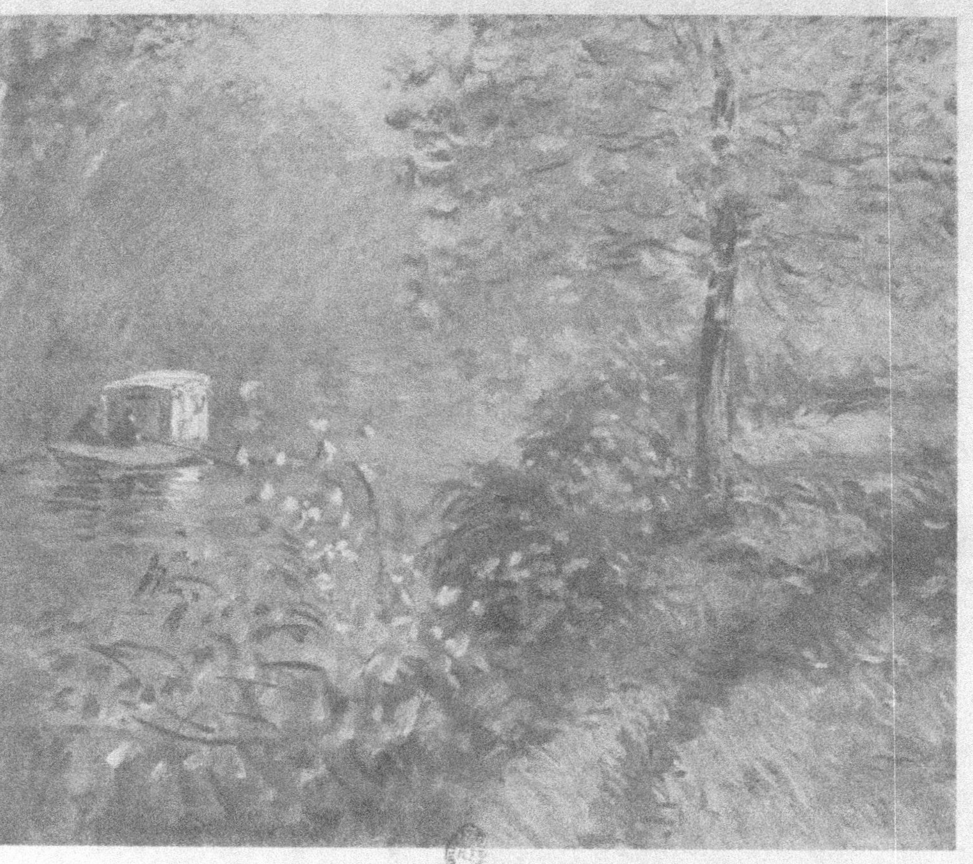

CLAUDE MONET. — LE BATEAU-ATELIER DE L'ARTISTE.

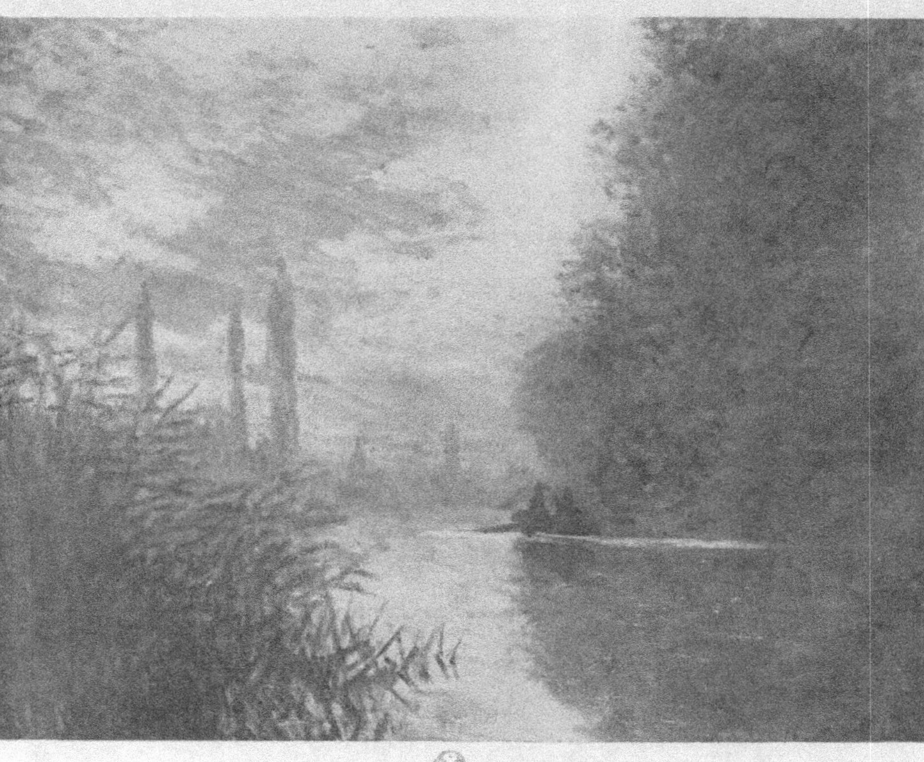

CLAUDE MONET. — SOIR A ARGENTEUIL.

Avant de passer aux orientations lumineuses, puisque, dans ce grand salon de Monsieur Canonne nous trouvons encore deux impressions de ces heures émouvantes — dont peut-être, suivant le cri du poète, on se souvient avec joie — décrivons-les sans nous soucier autrement d'autre chronologie que celle du sentiment.

C'est un aspect du royaume de la neige, royaume qui se transporte partout et fait reculer l'Ile-de-France jusqu'en Norvège, on apporte la Norvège aux environs de Paris. La couverture épaisse s'est étendue sur toute la plaine et l'a plongée dans une léthargie. Au delà de ce grand plan ouaté, feutré, immaculé, deux cabanes closes ne laissant rien soupçonner de ce qu'elles renferment. Au fond les coteaux grisâtres, uniformes, et là-dessus un ciel hachuré de déchiquetures grises et de flammèches roses, courant annoncer partout, poussées par le vent froid, que la nuit continuera d'être inclémente. C'est un des plus simples tableaux de Monet, et en le contemplant son effet devient de plus en plus intense.

Autre saison de neige, habitée celle-là, ou tout au moins traversée par des vivants. Une rue de banlieue, quelque Louveciennes ou *suburb* de ce genre : elle fait un coude au fond du tableau ; des ornières la bordent dont la boue mêlée à la neige atteste un passage assez fréquenté. Des villas bourgeoises sont au tournant, escortées d'arbustes dépouillés aux branches serrées ; des buissons partent du premier plan à droite ; à gauche règne sur le côté de la route plus dégagé, un grand arbre (tout nu par ce froid aigre !) qui se tortille bizarrement. Et ce beau paysage si expressif des environs de Paris en hiver, pourrait être appelé un chef-d'œuvre de mauvaise humeur.

Le mieux, maintenant, est de suivre par dates les tableaux de la collection qui nous mèneront ainsi jusqu'au plus grand épanouissement de Monet et jusqu'à la supérieure richesse de la collection elle-même : c'est-à-dire aux *créations* appartenant à cette phase extraordinaire des quelque vingt-six années de 1891 à la mort grandiose.

Un très beau tableau est cette *Marée basse à Pourville*, de l'année 1882 qui nous transporte, littéralement, sur une de ces plages normandes dont le peintre a si fortement dégagé l'expression saine et l'air bienfaisant. Cette peinture est étonnante de force simple. Une pointe de falaise s'avance, à gauche, puissamment modelée, modelée comme une statue couchée, dont le reflet se reproduit exactement sur un mélange incertain de sable et d'eau. L'eau, calme en ce moment jusqu'à l'horizon, s'attarde sous ce promontoire. Un pêcheur dont la présence ne fait qu'accentuer l'impression de solitude marche sur la plage miroitante. Le ciel est panaché sans drame, et ce qui l'exprime le mieux, c'est le mot anglais *motley*. On aimerait déambuler avec ce pêcheur et à causer en marchant avec lui, s'il le voulait bien. Deux *Etretat* de 1884 se rattachent à cette belle promenade.

De 1886, une minute vraiment heureuse, et d'expansive tendresse : *Les Saules un matin*. Monet avait quitté Argenteuil depuis bon temps ; il s'était établi dans Giverny en 1883, et il ne devait plus quitter ce port d'attache pour toutes ses expéditions quelles qu'elles fussent. Cette toile est une des maintes qui attestent son bonheur de vivre et de vaincre. Dans le même esprit est ce tableau que nous aimerions dénommer « le Dialogue des arbres et de la plaine ». Quatre grands arbres, à droite, penchant vers elle leur épaisse chevelure dont l'ombre s'étale teignant tout le sol d'une valeur très verte, très soutenue. Mais au delà de cette conquête de l'ombre, le soleil reprend tout son empire et inonde d'or tous les champs jusqu'au fond du fond.

Quelqu'un a dit jadis que Monet avait peint « des portions de planètes ». Cette image assez saisissante tout d'abord, mais qui ne résiste pas à la réflexion, ne répond pas du tout à la psychologie de Monet, qui était franc, naturel, simpliste et n'avait point de telles ambitions littéraires. Il a toujours résisté aux sollicitations dont sont poursuivies toutes les personnalités, invitations et presque injonctions d'avoir à expliquer leurs idées sur toute sorte de sujets, et même sur la peinture. « Mon métier, nous a-t-il dit (et écrit) en diverses occasions, n'est pas d'écrire, ni même de parler ». Il ne s'entretenait avec ses amis que des événements courants, et cela d'une façon brève et sensée, dans le sens le plus généreux. Seules les conversations avec Clemenceau ont dû être d'une grande magnificence, grâce à leur ardeur mutuelle, et à l'éloquence du superbe orateur. Comme elles ne seront jamais publiées, bien osé qui les supposerait. Mais ses grands et perpétuels entretiens et auxquels il nous fait prendre part ce sont ceux qu'il commence et recommence avec les saisons, les climats, les plaines, et parfois aussi la mer, auprès de laquelle en sa prime jeunesse il commença d'apprendre à parler et de comprendre le langage des voix innombrables de la nature.

Il ne pouvait pas manquer de se rencontrer dans un ensemble aussi complet que celui que nous avons commencé de parcourir quelqu'une de ces conversations avec la mer. Nous en avons déjà écouté avec les Etretat. En voici une autre avec les flots rageurs qui battent avec une agitation perpétuelle les durs rochers de *Belle-Isle*. C'est un excellent spécimen de cette série qui fut limitée, mais assez caractéristique d'une époque de Monet où il affirmait ses volontés d'art, on pourrait dire contre vents et marées, sans avoir obtenu encore le succès, sauf de quelques esprits clairvoyants et libres. Les marines de *Belle-Isle* sont un souvenir de cette époque batailleuse et s'en ressentent — heureusement.

Un autre site marin avec lequel il conversa volontiers, et même avec une certaine insistance est cette falaise de Varengeville, massive, nue et arrondie que surmonte une *Cabane de douanier*. Le thème était ingrat, et peut-être est-ce pour cela que Monet s'y est visiblement acharné. La facture en est serrée, opiniâtre, la couleur généralement peu contrastée, quoique, dans les diverses variations sur ce thème, l'harmonie générale soit renouvelée et généralement séduisante dans sa simplicité d'effet.

Nous pouvons demander à celle qui est ici les raisons de cette prédilection pour un motif que si peu de peintres auraient eu l'idée de traiter. Nous venons d'en indiquer une : la difficulté de tirer d'un interlocuteur aussi morne quelque chose d'intéressant. Il nous semble en interrogeant plus longuement cette peinture de solitude que, précisément, Monet dut y goûter et rechercher *l'attrait du silence*, cet autre grand partenaire. Enfin, peut-être y retrouvait-il un intérêt encore plus accentué quant à un point que nous allons bientôt traiter à part, et la confirmation, quelques années après, d'une de ses grandes, de ses capitales préoccupations : la préoccupation architecturale ; la puissance dans la simplicité de la construction. Disons tout de suite que cette grande *expérience* avait eu lieu en 1891 avec les *Meules*, et qu'en revenant une fois de plus (ici en 1897) à la falaise du douanier à Varengeville, il se prouvait à lui-même *l'expression des blocs*, — en attendant la grande et si surprenante évolution soudaine qui le poussa à ne plus rechercher que l'expression du reflété, du fluide, de l'insaisissable.

Comme les entretiens de Monet avec la nature par le moyen du langage des couleurs furent infiniment variés et que, suivant la définition par laquelle nous avons cru pouvoir ouvrir ce chapitre, *nous y entrons* à loisir, y reprenant nos propres soliloques émotifs, nous nous bornerons à apprécier ici au passage deux ou trois belles toiles, avant d'arriver à de véritables « Cycles » qui soulèveront les questions les plus hautes en offrant les plus rares et les plus magiques spectacles.

Ce sont : des *Arbres en fleur* dans une plaine de l'Eure, tendre effet de printemps et d'herbe fraîche poussée ; des *Moyettes* d'or clair, dans une manière plutôt esquissée que travaillée, mais d'une jolie harmonie, et qui peut-être sont devenues, en une occasion solennelle et par déduction, le germe des *Meules*. Puis les *Fons de Varengeville*, qu'à la clarté et à la limpidité de l'atmosphère ainsi qu'à l'azur de ses eaux on aurait pris tout d'abord pour un paysage méditerranéen, premier plan touffu de bruyères et d'arbres capricieux, mer saphirisée avec au loin une agglomération de maisons blanches, et entre ces deux plans, vers la gauche, des barques heureuses, flânant sans s'écarter de la côte. Encore un bon paysage de la *Creuse* avec ses rives escarpées, tapissées de rose, entre lesquelles circule la rivière bleue.

Enfin, comme contrastant avec ces pages invitantes et tendres, un souvenir âpre et rude d'une des campagnes de Monet dans le Midi, cet étrange paysage dont le nom, *Dolce acqua*, semble une ironie. Ce pont en dos d'âne ébréché par le temps, ce château fort et ces maisons étagées ; le tout évoquant plutôt de très anciens souvenirs belliqueux, met une note très à part dans la collection comme dans l'œuvre. Mais nous ne nous y arrêterons pas davantage parce qu'après toutes ces notes et les idées éparses qu'elles nous ont suggérées, le moment est venu d'aborder le monumental, et que tout ce qui précède nous a préparés à le mieux comprendre.

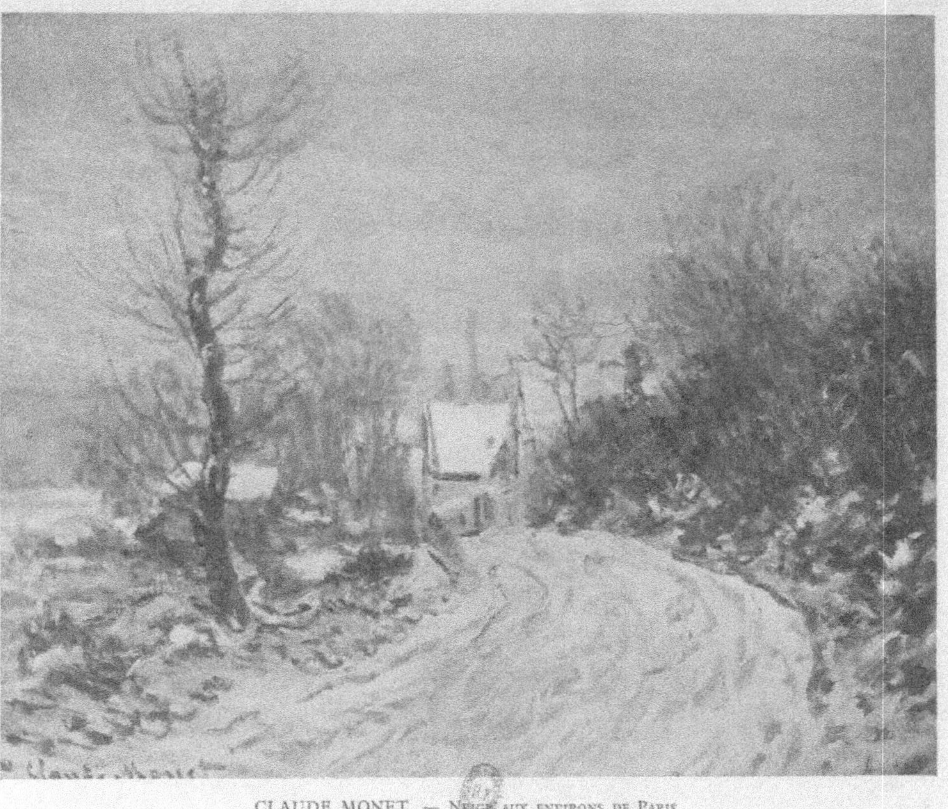

CLAUDE MONET. — Neige aux environs de Paris.

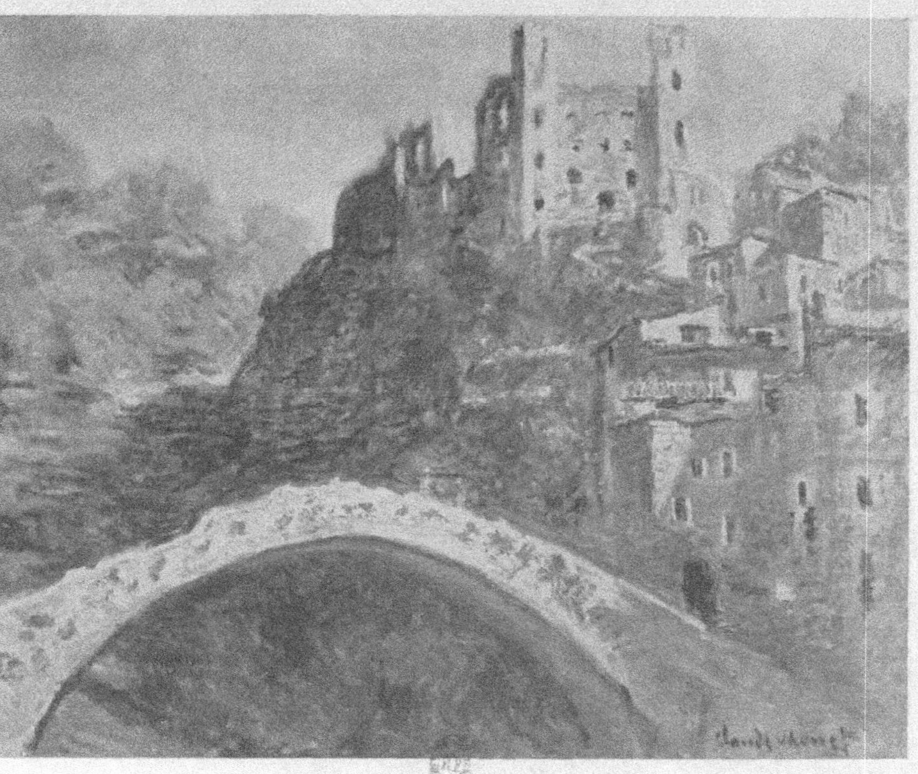

CLAUDE MONET — Dolce acqua.

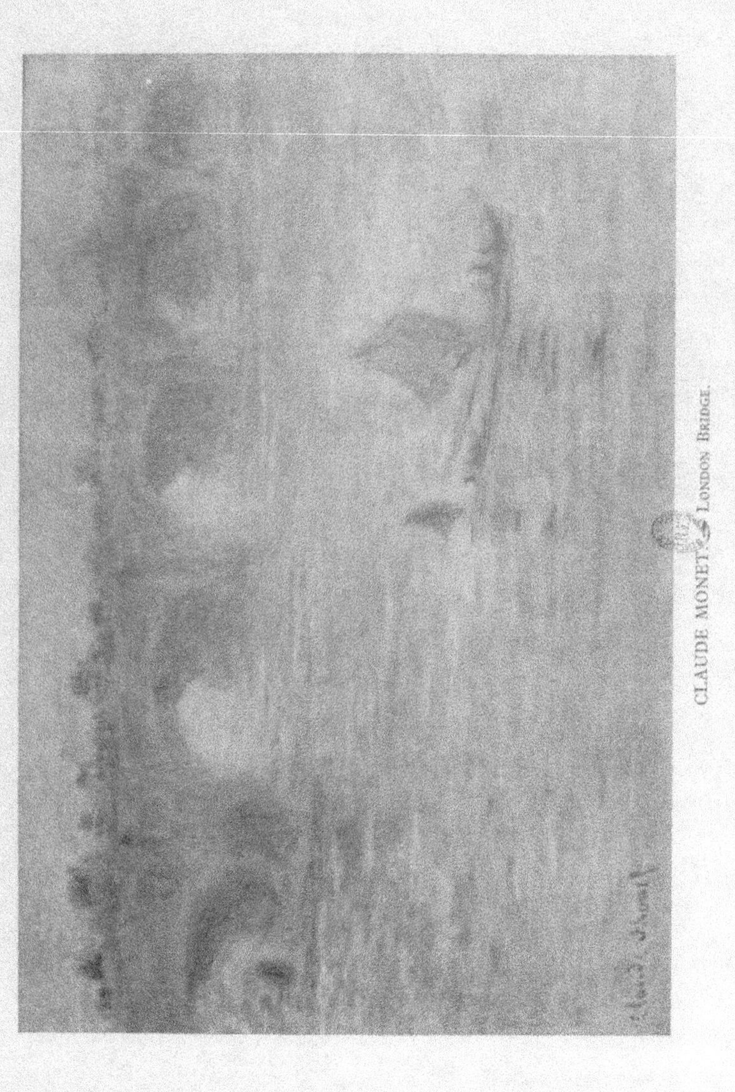

CLAUDE MONET. LONDON BRIDGE.

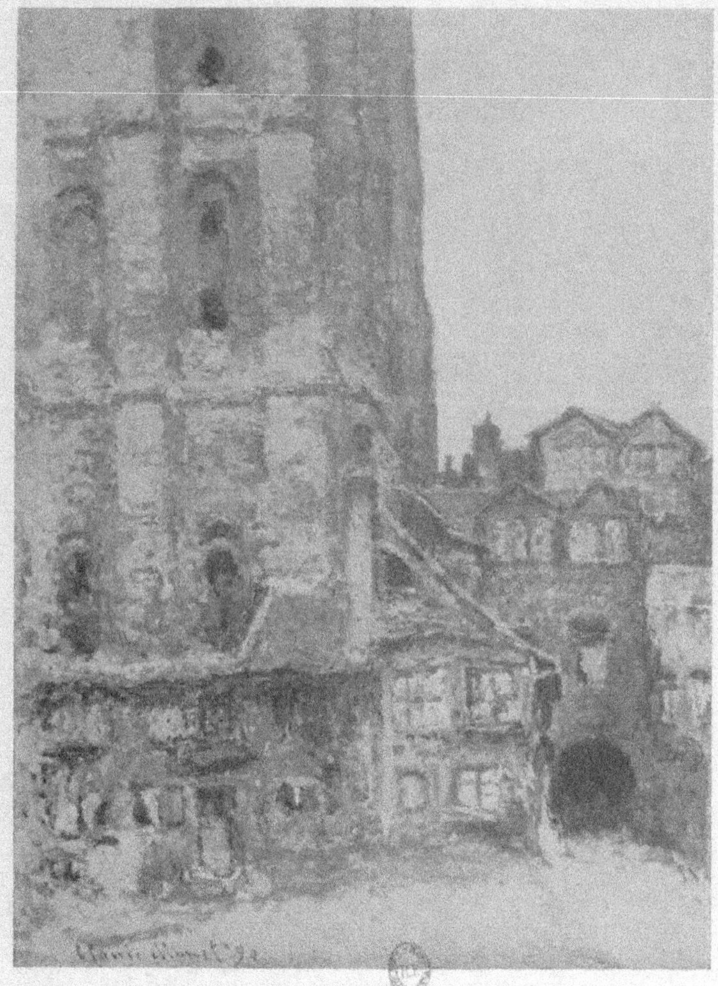

CLAUDE MONET. — La cour de la maitrise (Rouen).

IV

DEVANT LA CATHÉDRALE

ARRIVÉS au pied de la Cathédrale de Rouen nous trouvons épanouis dans leur plus neuve et leur plus ensorcelante floraison les qualités, les dons de constructeur dans l'analyse, d'alchimiste dans l'architecture, que Claude Monet avait peu à peu cultivés avec cette constance dans l'ardeur, cette ardeur dans la constance, qui de celui qui n'avait imité personne font un artiste à jamais inimitable.

Les peintures de la Cathédrale de Rouen, datant des années 1893, ne furent guère comprises à leur apparition. Essayons maintenant de les comprendre.

Les *Meules* exposées chez Durand-Ruel en 1891, mais qui étaient l'œuvre déjà de plusieurs années de réflexion et d'exécution antérieures, sont véritablement l'introduction aux *Cathédrales*. Elles montrent en même temps la volonté de construire sur un thème simple tout en incorporant à cette construction toutes les richesses élémentaires qui peuvent de ce thème sortir et sur lui se développer. Ainsi nous trouvons le même phénomène en musique et un des plus profonds exemples auxquels nous puissions comparer ces deux séries picturales serait le finale de la *Symphonie héroïque* bâti sur ces quatre notes principales, *mi, si, si, mi,* et qui se multipliera en les plus diverses colorations et les plus richement assorties. Ces *Meules* étaient à la fois, quant au dessin constructif les plus architecturales, quant à la couleur analytique les plus complexes, que Claude Monet eût jamais entreprises.

Il fallait que cette série, qui est un jalon des plus puissants, des plus riches de conséquences dans l'évolution de Monet et des plus marqués dans l'histoire de l'impressionnisme, fût représentée dans cette histoire en action qu'est la collection Canonne. Elle l'est par une des pages les plus fortes et les plus ardentes. Ces deux *Meules* massives, entre la plaine et le ciel, dans un ensemble crépitant de soleil, de reflets, et d'air dilaté, sont une des peintures où Monet a déployé le plus de force nerveuse et d'audacieuse couleur.

Les *Meules* n'étaient cependant, répétons-le, que le prélude, l'avertissement, pour une plus nouvelle et plus surprenante expédition qui inaugurera toute la dernière partie de la vie du peintre et engendrera le prodigieux finale des *Nymphéas* lui-même. Les *Cathédrales*, au centre même de l'œuvre, sont, pour emprunter une autre comparaison non seulement musicale, mais aussi poétique, l'arche que franchit Wotan pour monter aux enchantements de son palais du Walhalla.

Dans les *Meules*, il y avait une corrélation visible entre l'objet lui-même, simple, massif, et réceptif, et le terrain et le ciel. Dans les *Cathédrales*, le sol est supprimé et le ciel l'est lui-même presque entièrement, et pourtant ils sont présents l'un avec une énergie, l'autre avec une magie, intenses plus que ne serait leur directe représentation. Le terrain, nous en sentons la fermeté inébranlable d'après la masse qui repose sur lui ; il suffit donc que le départ soit du pied même de l'édifice, et l'affirmation n'en est que plus forte pour n'être point formulée. Avez-vous remarqué que dans un grand nombre, dans le plus grand nombre même, des tableaux représentant une église, l'édifice nous semble rapetissé par rapport à la sensation que nous avions éprouvée directement en sa présence ? C'est que l'espace prend sa revanche et le dévore. Monet était donc dans la vérité en nous remettant dans un immédiat face-à-face. Combien ressort mieux l'impression du grandiose dans la création !

Quant au ciel, le peu de rôle qu'il joue en apparence et le rôle miraculeux qu'il joue en réalité, procèdent de la même conception et offrent le même phénomène. Ce n'est pas le petit bout de firmament visible découvert entre la naissance des tours qui est agissant : c'est ce qu'on n'en voit pas qui manifeste son action capitale. Aussi Monet a-t-il, avec la même logique, arrêté l'édifice au point où cesse de s'étaler dans toute son ampleur le reliquaire auquel le ciel invisible et présent va confier le trésor de ses feux, de ses jeux, de ses reflets.

Retenons cette admirable façon de montrer les choses en les cachant et de les cacher en les montrant, une des plus belles opérations de l'esprit humain dans la création artistique. C'est ce que Maurice Barrès a exprimé par cette géniale formule : *le mystère en pleine lumière*.

Elle s'applique à Monet, comme à tous les grands poètes. Ainsi les jeux de la lumière revêtaient la façade ciselée de la Cathédrale d'une parure de pierreries perpétuellement changeante selon les heures du jour. Ce que l'on ne comprit pas c'était que, dans ces conditions, l'apparence était la seule réalité qui importât pour le charme. Ceux qui n'avaient qu'une vision immédiate et courte des choses reprochèrent au peintre d'avoir noyé les détails de la sculpture, ornementale ou figurée, dans la féerie de ces reflets du ciel au matin ou au couchant, d'avoir enveloppé la précision des lignes et des arêtes architecturales en n'en conservant que l'essentiel, c'est-à-dire leur direction, leur mouvement.

S'il l'avait voulu, il aurait avec plus de force que n'importe quel réaliste dépeint la massivité inébranlable de la pierre. Mais ici, tout en faisant un puissant tableau, il rendait, pour ainsi dire, le monument, le sol et le ciel à eux-mêmes. Cela suffisait, avec la marque personnelle de Monet pour donner une valeur supérieure à cette démonstration. Ce fut l'erreur de Pissarro et de Sisley de se piquer d'émulation après la grande curiosité et les discussions que soulevèrent les Cathédrales de Monet, et d'exécuter, le premier des aspects de l'église d'Honfleur et de celle de Rouen même, et le bon Sisley de l'église de Moret-sur-Loing. Quels que soient les mérites pris à part de ces peintures littérales, elles ne font que mieux ressortir ce qu'il surgissait d'extraordinaire en art avec le lyrisme lumineux de Claude Monet. Si celui-ci avait été le moins du monde un esprit machiavélique, il n'aurait pu dresser de meilleur piège à ses confrères. Mais la plupart des peintres dénigrèrent ce qui était pour eux une expérience téméraire, folle, en dehors même de la peinture.

D'ailleurs nul d'entre eux n'aurait réussi à le suivre dans cette nouvelle voie, car nul d'entre eux ne s'était comme lui exercé à un pareil degré à l'analyse de la lumière et du reflet. Les néo-impressionnistes tels que Seurat, Signac, Cross, ne faisaient que décomposer les effets lumineux tandis que Monet, tout en les analysant, les reconstituait. Chez ces très remarquables artistes la théorie apparaissait et primait. Chez Monet la passion emportait tout : théories, traditions, préjugés, et même la conception commune de la nature.

La nature ! Elle n'est pas moins le domaine du réel que le miroir de l'hallucination. C'est en cela que Monet se meut dans une région de l'esprit analogue à celle de Rembrandt. Ce n'est pas le cas de discuter ici la question de savoir si les peintures du maître d'Amsterdam ne furent pas à leur naissance d'une couleur très éclatante. Mais telles que le temps nous les fait admettre, elles nous montrent que Rembrandt recréait, comme l'a fait Monet, une nouvelle nature dégagée de la nature elle-même, et non moins vraie qu'elle puisqu'elle y était contenue, — en faisant jouer aux mouvements de l'ombre le rôle que Monet fait jouer aux vibrations du prisme. C'est une sorte de contre-partie vraiment saisissante.

Ces explications, peut-être un peu détaillées, sont cependant utiles puisqu'elles nous donneront la clef de tout le reste de l'œuvre de Monet tel qu'il se trouve représenté dans la collection Canonne en un aussi rare et aussi complet état de plénitude.

Les peintures de Londres, de Venise, et enfin les Nymphéas qui sont le triomphe de la collection, comme elles sont le sublime paroxysme du génie coloriste de Monet, seraient insuffisamment appréciées si l'on n'en connaissait pas, comme nous venons d'essayer de le faire, le principe générateur, qui est celui-même des *Cathédrales*, aboutissement de l'expérience des *Meules*.

La démonstration est complète dans la collection, puisqu'à côté de deux des plus magiques façades de Rouen nous rencontrons un type

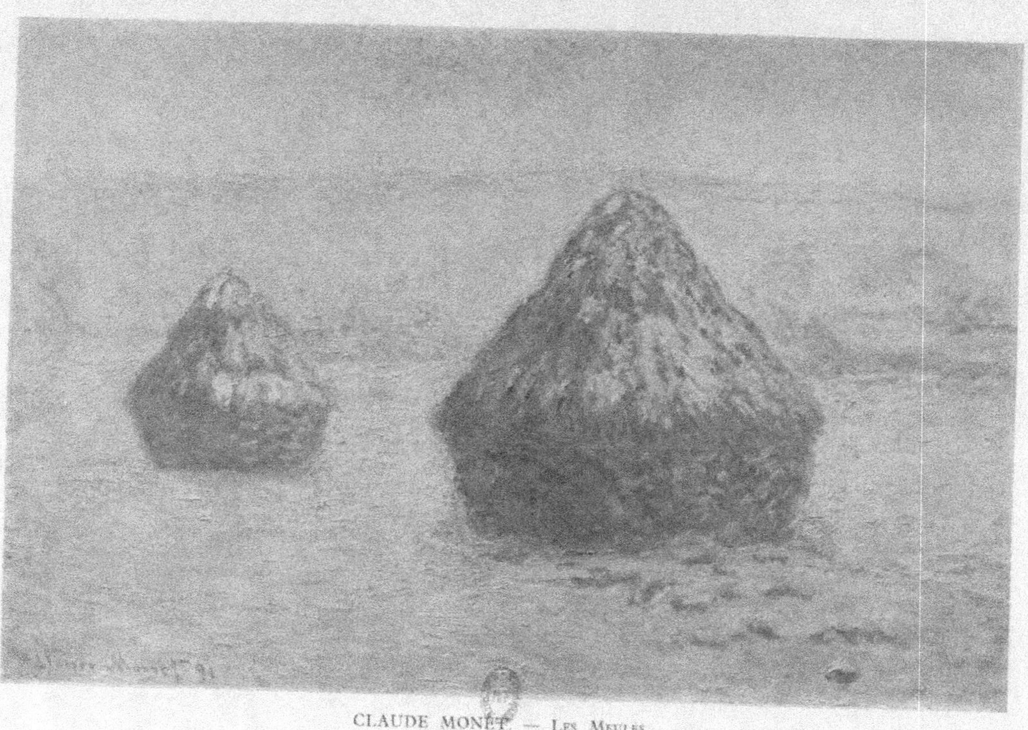

CLAUDE MONET. — Les Meules.

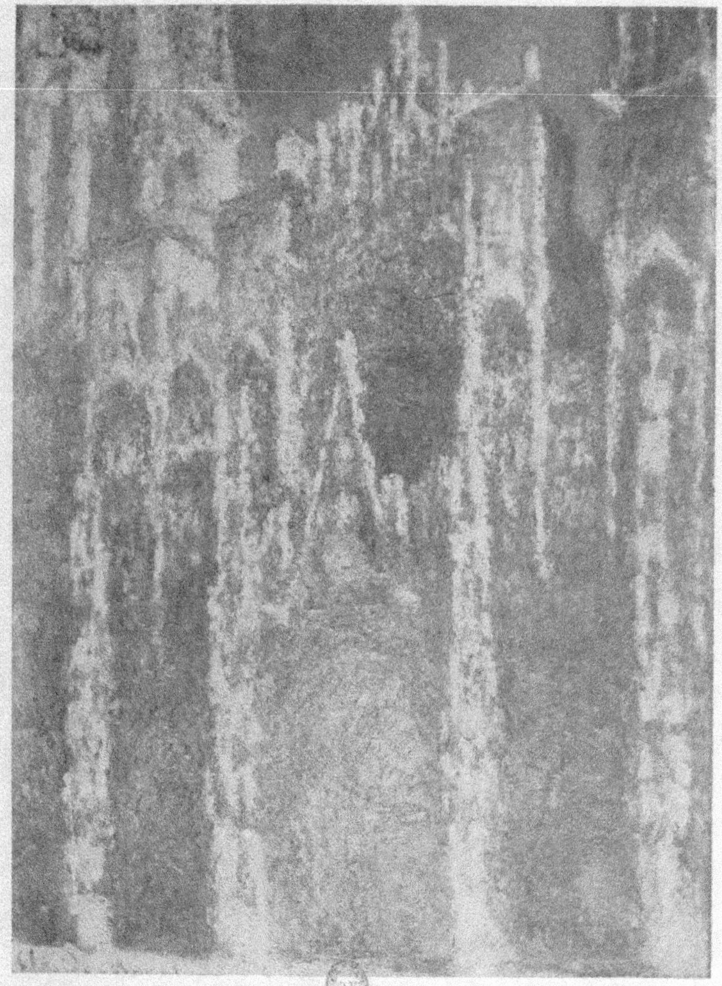

CLAUDE MONET. — CATHÉDRALE DE ROUEN LE MATIN, EN BLEU ET ARGENT.

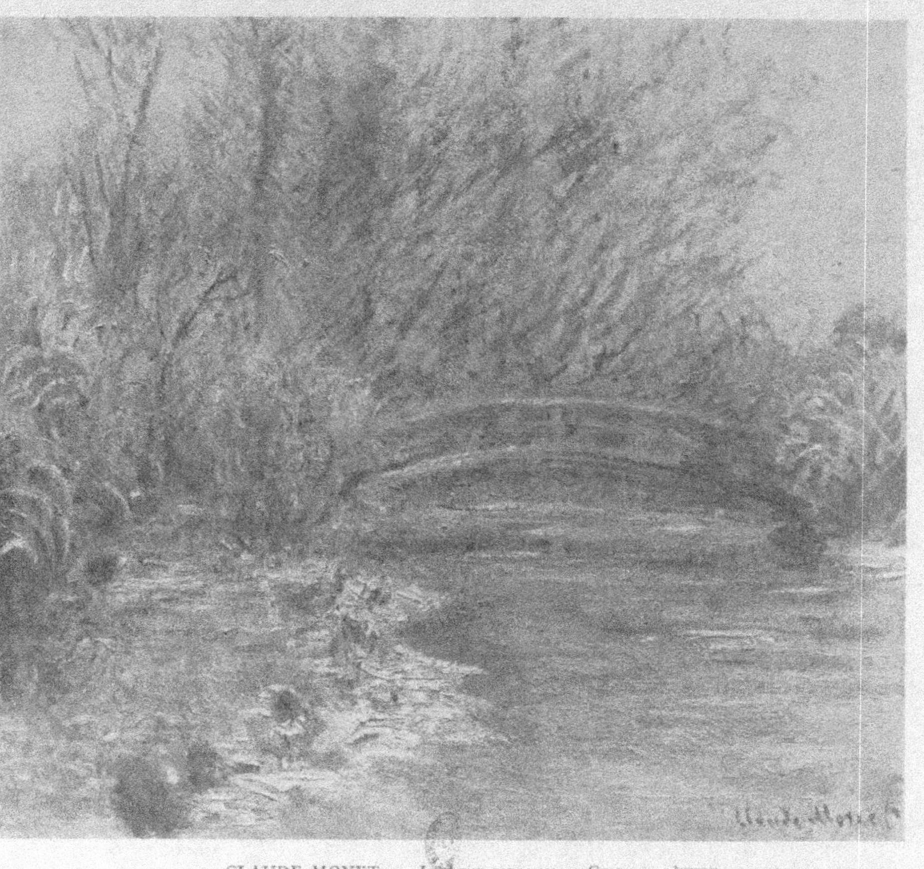

CLAUDE MONET. — LE PONT JAPONAIS A GIVERNY, L'HIVER.

de ce qu'on peut appeler les peintures de constatation, exécutées dans le même lieu. C'est une robuste et intensément sévère, et triste description de la *Cour de la Maîtrise*. Ici le regard est conduit d'abord dans la direction de la hauteur, suivant à mi-chemin seulement la puissante base d'une tour assombrie ; mais il s'abaisse bientôt de nouveau vers d'anciennes maisons qui se pressent au pied de l'édifice, comme d'humbles protégées qui ont vieilli dans son ombre. A peine un vague et presque éteint scintillement anime les petits carreaux obscurs d'une des fenêtres. Un passage voûté sous une de ces masures fait hésiter à s'engager vers plus d'humidité et d'ombre. Le ciel, qui occupe une assez large part, est revêche, et ne veut pas parler. Par un phénomène singulier que d'autres que nous peut-être éprouveront, le sentiment poignant qui se dégage de cet extérieur d'église est celui même qui nous pèse en pénétrant parfois dans l'intérieur. Cela tient sans aucun doute à l'âpreté de l'accord général.

On voit combien est opportun le rapprochement que nous a donné de faire le collectionneur quand nous passons au caressant éblouissement des deux façades.

Ces deux peintures, si merveilleuses analyses de la lumière, sont inanalysables par les mots.

Dans l'une, tout ce que l'on peut dire c'est que les saillies se détachent en argent, serties d'ombre bleues d'une infinie délicatesse. Les trois portails en or rouge sont comme les fournaises de l'idéal. Le bout du ciel inagissant que l'on aperçoit dans le haut entre les tours est d'un bleu uni, accentué.

Comme on ne saurait trop expliquer des effets et des causes aussi subtils, quoique notre impression soit de prime abord d'une vivacité de séduction incomparable, justifions, quitte à nous répéter sous une autre forme, l'épithète d' « inagissant » appliquée à ce qu'on voit du ciel. La lumière magicienne qui transforme la pierre blanchâtre en une matière fugitivement précieuse vient la frapper de face. Par suite ce qui se découvre en arrière des tours n'est plus qu'un fond sans action dans l'opération de transmutation merveilleuse.

Tel est le phénomène, nouveau en peinture, qui est si brillamment représenté dans cette « cathédrale d'argent » comme dans la suivante.

L'autre façade semble se reculer et se dissoudre dans le mensonge rose qu'envoie le soleil levant. Les contreforts à peine distincts sont comme de nacre ensommeillée.

Dans ces deux œuvres qui ne le cèdent point aux quatre de la collection Camondo, passent à travers les dominantes et s'y jouent des milliers d'atomes de pierreries et de métaux précieux.

A ces deux peintures, entre maintes autres, s'applique l'éloquent commentaire d'un critique peu commun, Clemenceau, de qui je retrouve cette page oubliée, écrite dans l'enthousiasme au lendemain de l'exposition des *Cathédrales*.

« L'artiste comprit que... si dans une égale journée, le matin rejoint le soir par une série de transitions infinies, chaque moment nouveau de chaque jour variable constitue, sous la mobile lumière, un nouvel état de l'objet qui n'a jamais été et jamais ne sera plus...

« Ainsi l'art, en s'attachant avec une précision de plus en plus affinée, nous apprend à regarder, à percevoir, à sentir. Et de l'expression toujours plus serrée jaillit la sensation toujours plus aiguë. La merveille de la sensation de Monet, c'est de voir vibrer la pierre et de nous la donner vibrante, baignée de vagues lumineuses qui se heurtent en éclaboussures d'étincelles ».

V

LA MARCHE VERS LA LUMIÈRE;
DE ROUEN A GIVERNY
PAR WESTMINSTER

OTRE étude est à présent assez avancée pour que nous puissions pénétrer et apprécier dans toute leur originalité les deux caractères essentiels de toute la seconde moitié de l'œuvre de Claude Monet. Nous croyons que l'on n'a pas pu encore les discerner et les formuler aussi nettement que la collection Canonne nous donne l'occasion de le faire.

Le premier de ces caractères, nous venons de le voir s'affirmer dans les *Cathédrales*, suite et aboutissement *monumental* des *Meules*. C'est cette poursuite et cette réalisation d'une architecture tenant sa force de sa simplicité, qui rapprochent Monet de tous les grands constructeurs en art. Si l'on fait abstraction des moyens (qui sont toujours spéciaux) mais de la pensée qui les met en œuvre, cette simplicité n'est pas différente de celle que nous admirerons toujours, et de plus en plus, dans l'art égyptien. Que nous importe que le but soit atteint grâce au colossal taillé dans le granit et le porphyre, ou bien à quelques couleurs assemblées sur quelques centimètres carrés de toile, que d'ailleurs l'expérience a prouvé pouvoir durer au moins pendant les quatre ou cinq siècles qui ont déjà précédé le nôtre ? Ce n'est ni une question de dimensions ni de longévité qui prime et justifie l'action de l'artiste dans ce monde. C'est tout ce qu'il a mis dans son œuvre de sa puissance nerveuse, de son fluide, pourrions-nous dire, qui demeure incorporé à la matière, et qui se communique à nous, comme il l'avait lui-même puisé et développé en lui par son contact avec la nature.

Or, de cette puissance fluidique cet homme qui conserva au delà de quatre-vingts ans toutes ses forces d'esprit et d'organes malgré les épreuves morales qui sont l'apanage de tout humain, malgré les crises, même passagères, de sa vue, était sans que nous exagérions le terme, prodigieusement doué. C'est pourquoi son œuvre s'élève de plus en plus jusqu'à la fin, comme nous le montre la continuité que nous voyons régner entre tous les points de repère ici rassemblés.

Donc, premier caractère de cette nouvelle phase, quels que soient le prix, la beauté et la force de suggestion sur nous de toutes les pages qui se sont succédé depuis la jeunesse, caractère que nous pouvons appeler Constructif. Jusqu'alors Claude Monet avait œuvré surtout en étendue, en espace, mais en relief. Il va désormais travailler de plus en plus en profondeur.

Mais le constructif seul serait une abstraction. C'est ici que la faculté analytique qui seule aurait suffi à nous étonner et à nous charmer chez un tel peintre, vient s'ajouter, s'immiscer à la faculté synthétique, prouvant ainsi combien il a été oiseux lors de certaines discussions de vouloir séparer nettement ces deux aspects d'une même opération de l'esprit, même si l'un des deux paraît prédominer. Sans l'armature plus ou moins cachée de l'un, l'œuvre d'art n'est plus que le vague indéchiffrable; sans la vibration de l'autre, elle n'est plus que géométrie pure, et sort de l'esthétique pour entrer dans la mathématique.

Ce don de l'analyse, Monet l'avait déployé d'une façon unique. Il avait pénétré tous les secrets et les effets de la lumière, depuis la façon large et simple dont elle se présente dans la nature à tous les yeux non exercés pour qui tous les arbres sont verts, toute la terre brune ou rouge, tout le ciel des étés (si tressaillant d'atomes multicolores !) uniformément bleu. Par des équivalents de plus en plus fusionnés et harmonisés, il était arrivé à nous donner non pas l'image littérale de la nature, mais sa suggestion transposée. Pendant ce temps les néo-impressionnistes s'efforçaient d'épeler systématiquement ce que Monet reconstituait par une analyse de plus en plus fine au contraire, et de plus en plus subtile. On ne peut pas dire qu'ils commettaient une erreur, comme nous aurons l'occasion d'en juger dans une autre partie très distincte de la collection Canonne. Mais c'était, disons-le provisoirement, autre chose.

Revenant donc à cet inséparable, à cet essentiel point de vue de l'analyse des vibrations lumineuses — ou colorées, ce qui est synonyme, — nous sommes en quelque sorte participants au regard immédiat et vaste dont Monet aborde et embrasse la nature.

Une comparaison qui n'est pas, comme on le verra, un simple caprice littéraire, nous permet de nous rendre compte de cette opération merveilleuse.

On présente à un grand chef d'orchestre une partition inédite et complexe dont il n'a point encore connaissance. D'un seul coup d'œil, il lit toutes les portées comme nous lisons la seule ligne d'un livre ; il se représente tous les timbres des instruments divers ainsi que tous les accords ; il suit l'enchaînement des diverses intensités, et pour dire en un seul mot tout cela, il en entend la *couleur*.

Monet est ce grand chef d'orchestre déchiffreur. Il n'a pas pris la nature en commençant par un bout. Il ne l'a pas vue, comme on dit en langage de peintre, par des à-plat, à la façon de Ingres qui se flattait de faire « d'aussi belles couleurs que Delacroix ». Non, il l'a d'un seul coup absorbée tout entière et il la recomposera comme le chef d'orchestre aura repris par le détail les parties et finalement *fait entendre* ce que d'abord il avait *entendu mentalement*. Nous aurions pu au lieu de l'interprète, supposer le compositeur lui-même, qui a conçu en un seul instant tous les éléments de son œuvre, c'est-à-dire son dessin et ses sonorités. Mais la comparaison s'appliquerait plutôt aux œuvres d'imagination : celles d'un Rubens, d'un Watteau, ou d'un Delacroix, par exemple.

De toute façon la conclusion c'est que le second caractère que nous avons voulu, pour la première fois, croyons-nous, faire ressortir de l'œuvre de Monet non pas par un artifice verbal, mais par un examen réellement scientifique, est le caractère *musical* qui complète le caractère *monumental*.

Or, il s'est trouvé que dans la musique moderne elle-même, un véritable génie a suivi un plan parallèle à celui de Monet dans l'art de peindre. Cette fluidité si complexe de la couleur que nous allons voir se développer et s'enrichir dans la peinture de Claude Monet à partir des *Cathédrales*, nous subirons la fascination de sa diversité et de son ondoyance dans la musique de Claude Debussy. Ces deux hommes qui ont appartenu à des générations qui n'avaient que peu de rapports entre elles, qui ne se seraient peut-être pas compris, s'il leur avait fallu s'expliquer par des mots, apportaient dans leur art des tendances et des ressources nouvelles, élargissant chacun dans le sien le domaine de l'harmonie, Debussy notant dans sa musique les reflets, (le mot est dans son œuvre) comme Monet dans sa peinture. Il nous est impossible en l'écoutant de ne pas ressentir une impression colorée. De même nous trouvant seul, et méditant au milieu des Monet de la collection Canonne nos premières sensations furent à la fois imprécises et pénétrantes comme à la première audition du quatuor de Debussy. Ce n'est qu'après plusieurs auditions que leurs accords s'ordonnèrent en constructions tout d'abord cachées.

A cette musicalité de sa peinture Monet n'était parvenu que par une progression lente mais intense. Il n'est point d'œuvre de lui qui malgré les différences qui existent entre des peintures prises comme points de repère aux différentes époques, ne porte sa marque, tant est impérieuse sa personnalité ; mais si l'on plaçait côte à côte, par exemple, une vue de l'époque de Vétheuil et une Cathédrale, ou encore mieux, un de ces Nymphéas auxquels nous arriverons bientôt, on verrait avec une force surprenante s'affirmer ce qu'il a innové dans l'analyse, l'enchaînement et les combinaisons des vibrations colorées, comme Claude Debussy dans la même entente et le même emploi des vibrations sonores. Ce serait, pour le moment, sortir de notre sujet pour entrer dans celui, déplacé ici, de la métaphysique, que de ramener à une seule ces deux sortes de vibrations.

Lorsque Monet s'était installé en 1883 à Giverny, la bande de terre qui se trouve sur un des côtés de la route et qui est arrosée par la riante petite rivière de l'Epte (tandis que l'autre côté, en pente, est celui des parterres et de l'habitation) n'était pas encore expressément destinée à l'éclosion glorieuse des Nymphéas. Sans doute quelques-unes de ces plantes aquatiques étaient poussées naturellement dans la partie élargie en étang de cette fantasque et gracieuse demoiselle de compagnie de la Seine. Le fait est assez commun pour que le peintre n'en eût pas tiré dès l'abord tout un programme de ce qui devait être sa suprême occupation et joie. Il s'occupait d'abord de son jardin de terre, pour le nommer ainsi, mais celui d'eau ne devait s'amplifier que plusieurs années après, soit vers les 1900, sous la forme que nous verrons plus loin. Cependant, le voisinage de l'élément liquide, mouvementé, avide d'absorber et de renvoyer les jeux de l'atmosphère ne pouvait manquer d'agir, sans trop se préciser, sur la partie instinctive de ses perceptions. Il est curieux de noter que de son splendide jardin proprement dit, phénoménale palette de fleurs prodiguées en massifs compacts, il n'ait tiré que très peu de parti, quelques études seulement, tandis que le parc accidentellement préparé par l'Epte en lac de prestiges, devait l'attirer et s'emparer de lui complètement comme champ de recherches, comme laboratoire, comme atelier, comme inépuisable sujet.

Remarquons tout de suite le fait capital de cette histoire. Lorsque Monet aura commencé d'entrevoir et même d'aborder ce tout nouveau domaine, il ne le quittera momentanément que pour des expéditions dans deux autres lieux où les possibilités picturales de l'eau jouent un rôle prépondérant : les bords de la Tamise et Venise, et il nous apparaîtra selon toutes probabilités que ce sont moins des diversions que des expériences confirmatives.

C'est en 1902-1904 qu'a lieu l'important et tragique voyage à Londres. La tragédie est celle-ci, qui fut connue seulement de ceux qui aimaient personnellement Monet et que nul événement de sa vie si entièrement absorbée par l'œuvre, et par suite si dépourvue d'événements, ne pouvait laisser indifférents. Il était déjà allé en Angleterre quelque trente ans auparavant (pendant ce qui s'appela longtemps *l'Année terrible*). Il y avait fait des tableaux des environs de Londres, et aussi diverses vues de la Tamise ; en particulier : Westminster au fond, en avant le pont de Charing Cross, et une estacade. Toiles franchement silhouettées et, comme couleur, par rapport à sa palette ultérieure, tirant plutôt sur de puissantes grisailles. Lorsque la logique de son évolution coloriste lui suggéra l'irrésistible envie de retourner vers la Tamise, il partit plein d'entrain et avait déjà « abattu » beaucoup de belle besogne, mais il fut soudain arrêté par une congestion pulmonaire qui le tint entre la vie et la mort. Sa robuste nature finit par avoir raison de cette grave épreuve, et il revint à Giverny avec un bon nombre de toiles, les unes complètes, les autres en voie d'exécution. Ainsi la tragédie eut un dénouement heureux, mais dont les conséquences ne devaient pas s'arrêter là.

Avant de les indiquer ainsi que leur résultat, nous devons nous demander avec plus d'insistance pourquoi il avait entrepris ce voyage. Ce n'était pas, à la vérité, pour satisfaire aux sollicitations de donner au public de nouvelles *séries*, car Monet ne tenait aucun compte de ces sortes d'impatiences. Il ne laissait jamais sortir de son atelier, à quelque prix que ce fût, d'œuvres ou d'ensembles d'œuvres dont il ne se sentît pleinement satisfait, et il n'avait cette certitude qu'après de longues discussions avec lui-même. Pourquoi donc, pendant la période même où il entrevoyait déjà le nouveau et beau parti qu'il pouvait tirer de l'étang et de sa floraison, se déplaçait-il ainsi ? Une diversion ? Mieux et plus que cela. C'est que de plus en plus le captivaient les prestiges de l'eau en tant qu'empire du reflet. Empire insondable, toujours changeant, toujours en proie à des agitations, mais qui ne sont que de rêve. Ces jeux, dans la capitale des brouillards colorés (il n'y a pas lieu ici de dire qu'elle a aussi ses saisons de pure et éclatante lumière) devaient donc l'attirer comme propices à des analyses nouvelles, entre la victoire des *Cathédrales* et la préparation des Nymphéas. Il devait donc revenir comme un conquérant chargé de richesses qui profiteront à son propre royaume, et avec des moyens de régner encore plus aisément.

Ou, pour prendre une comparaison moins imagée, mais plus serrée ; il était comme un alchimiste qui abandonne un moment la grande expérience en cours pour étudier d'autres combinaisons en apparence détournées d'elle, mais qui se révéleront soudain propres à lui apporter la confirmation et la réussite.

De la cargaison qu'il avait sauvée de sa mort qu'allait-il faire maintenant ? Montrer les quelques toiles qu'il avait pu faire à peu près complètes, et abandonner les inachevées ? Nous le répétons, ces sortes de hâtes n'étaient pas dans son caractère. C'est alors que se produisit ce fait capital dans l'histoire de l'impressionnisme : l'œuvre partiellement reprise à l'atelier, et plus encore, plusieurs peintures contribuant à en recomposer une seule, ou un plus petit nombre. Les adversaires de l'impressionnisme — il en demeurait d'irréductibles — et même simplement la malveillance commune à notre nature surtout envers ceux qui se sont affirmés exceptionnels, eurent beau jeu pour mettre Monet en contradiction avec lui-même. Quoi ! c'en était donc fini du « peintre des heures » voire des minutes ? Il se décidait donc « comme tout le monde » à peindre ce qu'il n'avait pas immédiatement sous les yeux ?

Cette critique était parfaitement absurde, et c'est pour cela sans doute qu'elle pouvait faire quelque effet. L'on ne se disait pas que Monet avait toujours *sous* les yeux ce qu'il avait emmagasiné *dans* les yeux. On ne tenait aucun compte de l'entraînement prodigieux qu'il devait à ce tête-à-tête des heures et des minutes avec la nature; et ceux qui n'ont jamais réfléchi sur ces questions ne pouvaient comprendre que la *mémoire picturale* peut varier d'étendue entre l'instant qui suffit à poser une touche et les longues journées pendant lesquelles on retrouve et regroupe tous ces instants. Au reste, il faut dire que cette apologie et cette légende du *sur-le-champ* avait été due plutôt à des défenseurs trop zélés des impressionnistes qu'à ceux-ci eux-mêmes. Enfin, du point de vue que nous avons indiqué déjà, cette méthode était celle même qui lui permit de mener à bien l'extraordinaire entreprise des Nymphéas.

Il repeint donc à l'atelier, en les gardant près de deux ans, en les remaniant et les combinant, les vues de la Tamise et des ponts de Londres. Elles soulevèrent alors plus de curiosité que d'enthousiasme. A présent que le temps a consacré toute l'œuvre et nous permet de l'embrasser dans tout son développement, ces peintures nous apparaissent parmi les plus émouvantes, les plus mystérieuses, mais celles aussi qui requièrent la plus longue contemplation. Monet, suivant sa coutume, avait été tout droit à la plus grande difficulté. Retracer les aspects les plus grandioses des majestueux bâtiments du *Parliament house* et de *Wesminster Abbey* surmontés de la Tour altière, qu'il suffit d'avoir vue une fois pour n'en plus jamais oublier la silhouette, est à la portée de bien des peintres, fût-ce par un temps moyen qui ne révèle pas complètement les arêtes vives comme le fait une photographie, mais ne les enveloppe pas non plus d'un voile fantastique. Seul, Whistler avait trouvé ce qu'on peut appeler la solution élégante avec ses *Nocturnes* de Chelsea, ou ses autres peintures laissant entrevoir en pleine nuit bleue la masse des docks ou des wharfs. Encore cette peinture exquise, soyeuse, laquée, caressante et pénétrante, si elle n'esquivait pas une difficulté si haute, se contentait-elle de la simplifier. Mais scruter cet insaisissable chatoiement du brouillard qui est plus riche et plus complexe, et plus mouvant que tous les éléments du prisme ou de l'arc-en-ciel ; faire, en quelque sorte, l'anatomie de l'atmosphère, et cela dans une région unique au monde pour cette fantasmagorie, car le Nord est somptueux mais net, et la Hollande sombre en hiver est tout de même balayée sans cesse par le vent, tandis que Londres transforme le brouillard et la fumée combinés en pulvérisations de métaux inconnus et de pierres précieuses impalpables, et l'eau en ruissellements de tout ce que lui jette le ciel, suivant les heures, de pourpre, d'or, ou d'améthyste — c'est ce que Monet avait osé, et il n'est pas hasardé de penser que dans cette lutte il avait été près d'expier une telle témérité.

Après cela combien durent lui paraître suaves et légères les harmonies de son Ile-de-France, et la souplesse de son Epte souriante ! L'expérience périlleuse avait donc réussi à l'alchimiste des couleurs, et il allait, pour un temps reprendre celle qui pour cette cause avait été suspendue.

Les *Ponts de Londres* nous émeuvent, aussi, d'une façon particulièrement intense. Grâce à ces analyses uniques de l'atmosphère et ses reconstitutions à la fois analytiques et synthétiques accomplies dans l'atelier de Giverny, mais aussi dans l'atelier du souvenir, nous pénétrons dans des profondeurs indéfinissables.

C'est avec la plus grande opportunité qu'elles sont venues dans la collection Canonne s'intercaler entre les Cathédrales et les Nymphéas. Ainsi, avec l'intermezzo d'une autre expédition qu'il entreprit à Venise, nous pouvons, grâce à cette collection si complète et si bien ordonnée, suivre désormais toute l'évolution de plus de trente années d'un génie qui jusqu'au bout n'aura cessé de s'élever.

Ces vues de Londres sont au nombre de quatre.

Une grande vue de *Westminster* est celle qui va le plus loin dans l'ordre de l'indéfini. Ce grand palais bleu, tout enveloppé d'une brume bleue, éteignant le peu de rougeâtre sali qui demeure du soleil couchant et qui semble s'éteindre lui-même dans l'air mourant, est, on peut le dire, le dernier mot de la peinture. Au delà il n'y a plus rien, en soi-même il y a tout, car on peut regarder longtemps cette architecture fantômale, — et y découvrir mille impressions changeantes.

Autre, et de la conception la plus audacieuse : la masse colossale du vieux *London Bridge* vue en perspective oblique de telle façon que l'on aperçoive une des faces intérieures de chacune des arches, dont la succession semble se perdre sans fin dans le brouillard qui va s'épaississant. Le courant du fleuve qui passe sous ce vénérable pont et qui ondule de maints clapotis, porte au premier plan deux embarcations à voiles rougeâtres, et leur bastingage est indiqué d'un coup de pinceau en vert émeraude. L'onde est lourde, opaque, et elle n'est, semble-t-il, teintée qu'à la surface, et non comme elle serait dans la transparence d'autres cours et d'autres pays ; mais elle n'en est que plus opaline, et bleue dans les arches, elle arrive à nous mélangée d'un pourpre de pétales morts. Sur le pont même défile une foule compacte de véhicules et de gens, s'avançant comme d'une marche fatale et habituelle, donnant à travers le brouillard qui enveloppe le tout l'impression du *business* que rien ne peut ni retarder, ni hâter. C'est encore un chef-d'œuvre.

Les deux autres tableaux sont consacrés au *Charing Cross Bridge* barrant, horizontalement cette fois, la scène, de sa longue et frêle armature. Frêle mais capable de supporter comme on le voit dans d'autres toiles des trains lancés à toute vapeur. Monsieur Canonne a choisi deux de ceux qui se passent de tels « personnages » pour ne laisser la parole qu'à la couleur, sans l'adjonction de l'idée de mouvement.

Dans l'un l'effet est matinal et de la plus extrême délicatesse, dorure pâle teintée de rose plus pâle encore. Les vapeurs légères qui s'élèvent du fleuve atténuent la silhouette et le reflet lui-même devient d'un dessin si fugitif qu'il semble se dissoudre dans l'eau comme la passerelle dans l'air.

Dans l'autre, l'effet est affirmatif, véhément, d'une nuit commençante, dans un sentiment volontaire, presque hostile, bleu sombre énergique même, cette fois se poursuivant jusque par le reflet du pont presque d'une valeur égale. Dans ce bleu inquiétant, presque sinistre, passent les tons de rubis transmis par un cumulus amoncelé à l'horizon et dépositaire des dernières braises du couchant. Quel tableau dramatique ! Et comment s'empêcher quand on connaît les circonstances que nous avons relatées, de penser à Monet lui-même dans son labeur anxieux et menacé des approches d'une nuit fatale ?

VI

L'ENCHANTEMENT DES NYMPHÉAS

« Rien ne trouble sa fin, c'est le soir d'un beau jour. » Ce vers de La Fontaine nous hante lorsque nous essayons de nous représenter d'ensemble les dernières années que Monet consacra à l'achèvement de son œuvre.

Il l'acheva à tel point qu'il ne pouvait pas aller plus loin et qu'en même temps il se surpassait lui-même. Il arrive que les grands hommes avant de mourir exhalent de sublimes accents, mais que leur main est devenue impuissante à traduire avec la fermeté de l'âge mûr. L'esprit n'en est pas moins émouvant. On peut même dire que ces balbutiements grandioses nous atteignent jusqu'au fond de l'âme, comme dans la dernière *Pietà* ébauchée par Titien, ou, dans l'ordre de la peinture pure, les vieux *Régents* et *Régentes de l'hospice de Haarlem* par Frans Hals.

Mais quand cette beauté qui couronne l'œuvre est exprimée sans défaillance, et qu'allant, tout bien comparé, le plus loin dans les conséquences que dès les débuts elle portait en elle, on peut dire que c'est un des plus nobles et des plus purs honneurs de l'esprit humain. C'est le spectacle que nous présente, dans la collection de Monsieur Canonne, après les interprétations directes de la nature et les

33

recherches d'analyse transcendante de la lumière, la série considérable rassemblée par lui des *Nymphéas* de Giverny.

Il nous reste à en étudier le principe, les applications, et à en tirer une des plus belles « moralités » que nous puissions trouver dans l'art français de notre époque.

Monet, sans être précisément un japonisant, n'avait pas été indifférent aux premières révélations de l'art du Nippon chez nous après la révolution de 1878. Toutefois on a exagéré l'action que les estampes d'Hoksaï et d'Hiroshishé ont pu alors exercer sur lui. La raison en est bien simple : à mesure qu'il s'acheminait vers un art plus analytique dans sa contexture, quoique en même temps synthétique dans sa construction, les abstractions délicieuses des peintres japonais, avec leurs tons posés à plat et le rôle que jouait le blanc du papier, demeuraient de plus en plus éloignées de ce que cherchait notre artiste.

On peut dire, il est vrai, qu'il est des sortes de transfusions d'un principe dans un autre pouvant avoir des conséquences qu'il serait trop long de même résumer ici, et qui d'ailleurs échappent le plus souvent à l'explication verbale.

Toujours est-il que les fleurs, particulièrement, qui dans les kakémonos vivent de façon si luxuriante sous le pinceau des Korin et des Sotatsu : glycines retombant en grappes, chrysanthèmes, roses à pétales simples, camélias et lotus, ne pouvaient pas ne point avoir été absorbées par le regard si pénétrant et n'avoir pas germé en quelque sorte dans l'esprit si concentré et si logique du grand jardinier de Giverny. Nous avons remarqué que son « jardin de terre » ne lui avait guère servi que comme palette, comme excitation à la couleur, et qu'il n'avait exécuté que peu de peintures d'après ses massifs flamboyants et ses avenues illuminées, tandis que peu à peu devait accaparer son attention le parti à tirer du capricieux et fantasque parc des bords de l'Epte et de l'étang qu'elle formait en s'élargissant, certainement par un décret de la Providence, juste au pied de son domaine. Ce qu'il emprunta du moins sans conteste aux Japonais ce fut l'idée tout naturellement décorative, du pont de bois en arc de cercle suivant la formule si souvent rencontrée dans les estampes, et qui y joue un si agréable rôle.

Quand les premiers arbustes étaient devenus assez touffus et assez fleuris pour se combiner richement avec cette belle courbe propice à former l'ossature d'un tableau, il ne tarda pas à attaquer, avec sa force et sa fougue, ce thème opulent. Les *Ponts japonais*, comme on les appelait, furent exécutés et exposés (partiellement) aux approches de notre XXe siècle. Il est à remarquer que l'eau n'y tenait pas la place prédominante, il s'en faut. Monet, au contraire, s'en donnait à cœur joie des retombées de fleurs et des fouillis de verts arbustes solidement reliés par le trait-d'union courbe jeté sur la petite rivière. Pour cette suite, qui devait être comme la transition entre toute l'œuvre précédente, et celle qui allait éclore d'une façon que nous verrons si neuve, si inattendue, même après un pareil avertissement, le peintre avait eu recours aux plus grandes véhémences de sa palette, aux plus vigoureuses affirmations de sa touche. On pourrait dire, par une nouvelle comparaison tirée des correspondances des sons avec les tons, que dans l'orchestration de ces peintures, les cuivres dominaient avec un éclat que Monet n'avait jamais atteint. Cette belle série montrait même un excès d'énergie qui confinait presque à la dureté, une dureté qui provenait sans doute du besoin de Monet de s'affirmer qu'il n'avait rien perdu, vers la soixantaine, de ses forces premières, et qui, au surplus, brillait par une grande diversité dans cette sonorité des accords.

* * *

La collection s'est contentée d'un seul spécimen des *Ponts japonais* et il suffit pour qu'il n'y ait pas ici la moindre solution de continuité. Il y a même quelque originalité à ce que ce soit un de ceux qui ne jouent pas dans les tons éclatants. Bien au contraire, il ne laisse rien deviner de l'orgie estivale que donneront feuillages et fleurs. C'est en plein hiver. Les seules frondaison et floraison, c'est la neige qui se charge de les fournir. Tout en panaches givrés, soutenus par les squelettes mordorés des arbrisseaux et de la passerelle, ce beau tableau donne, à regarder, une fête de froid.

Ainsi pour reprendre — et ce ne sera pas une redite, — le chemin déjà parcouru, nous avons vu Monet passer peu à peu, en les soutenant l'une par l'autre, de la transcription immédiate de la nature à sa transposition, arriver de la notation des dominantes à celle des reflets, ou des harmoniques, et s'arrêter avec les *Ponts japonais* à une dernière exaltation, exaspération presque, de la matière et de l'éclat.

Par ce qui est en apparence une merveilleuse volte-face, de la véhémence la plus grande va sortir la plus grande suavité.

Encore plus incendiées que le plus incendié des Ponts japonais, deux peintures de la collection Canonne consacrées aux parties touffues du jardin de l'Epte recèlent pourtant dans leurs profondeurs les éléments du miracle. Si nous ne craignons pas qu'on nous reproche de recourir trop souvent à des comparaisons en dehors de la peinture seule, nous dirons volontiers que semblable au héros des Niebelungen qui doit passer à travers un cercle de flammes pour délivrer la Walkyrie, Claude Monet aura franchi les plus ardentes combinaisons de la couleur pour conquérir de nouveau et plus que jamais la pure lumière.

Ce que le *Pont en hiver*, mise à part son originalité, n'indique pas en ce sens, nous est démontré avec une incroyable énergie dans ces deux tableaux en hauteur, où le feuillage et les fleurs s'amalgament en une sorte de coin de maquis inextricable, d'un vert s'exaltant dans l'ombre.

L'un d'eux est presque entièrement composé d'un grand arbre aux feuilles aiguës pleuvantes et pleurantes ; un bout d'étang rougeâtre, et en outre embarrassé d'herbes parmi lesquelles on devine, dissimulée, l'amorce d'un nymphéa, occupe l'angle droit au premier plan.

L'autre tableau, dans la même donnée d'intensité, livre plus nettement sa construction. Au centre et au premier plan, un petit bassin, où semblent s'être réunis par hasard quelques groupes de fleurs incarnat, est entouré d'un fouillis de roseaux. Vers cette mare si occupée dévale un enguirlandement sauvage de rameaux feuillus d'où sortent brusquement quelques roses. Une allée rougeâtre s'amorce. Elle nous conduira sinon suivant la topographie du jardin, du moins suivant la marche vers notre lumineuse Walkyrie, jusqu'à l'éclaircie décisive où l'eau devient l'empire des prestiges, que Monet ne se lassera plus de découvrir.

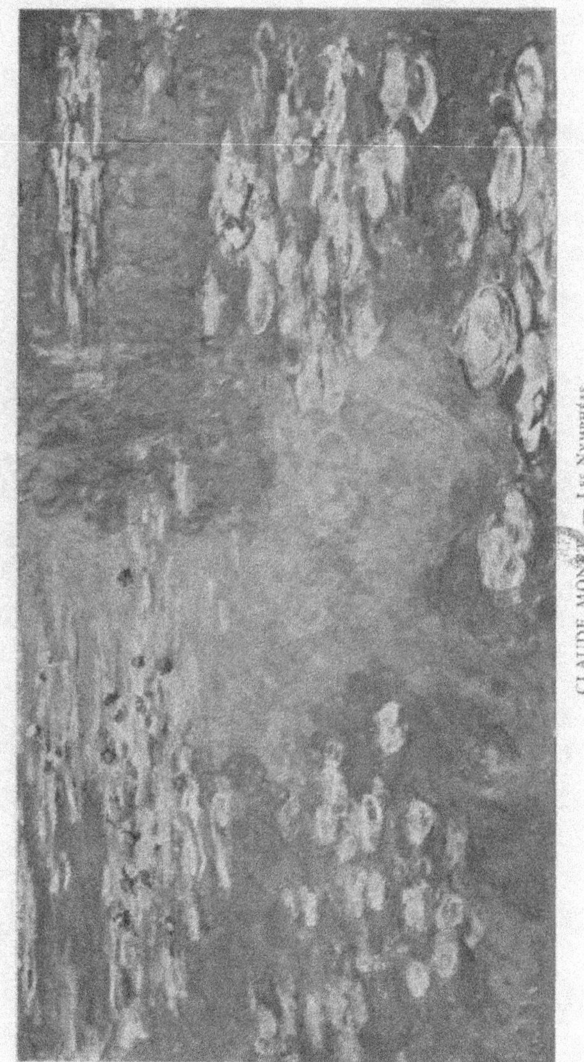

CLAUDE MONET — LES NYMPHÉAS.

C'est une dernière transition qui nous est ménagée par une très belle et chaude toile où une large nappe paisible s'endort vers le soir. Un massif se reflète en vert sombre qui tranche sur l'eau ensanglantée de rose par le couchant. Ici le ciel commence à assister, à colorer, à prêter sa vie, à constituer même toute la vie de l'œuvre nouvelle. Le soleil finissant troue de gouttes allongées de pourpre verdissant ou de vert empourpré le massif de droite qui s'équilibre à gauche par des touffes de frêles souples roseaux. Vous trouverez dans le *Journal* d'Eugène Delacroix des remarques sur ces reflets où le rôle rempli par le pourpre dans les arbres vus à contre-jour est expliqué d'une très curieuse façon. Ce passage que Monet n'a pas connu certainement, car ce n'était pas dans les livres, si beaux qu'ils fussent, que s'alimentait son instinct, a cet intérêt pour nous de montrer un cas des rencontres entre les génies, et des génies comme ceux-là *doivent* se rencontrer parce qu'ils ont tout essayé.

Monet est parvenu sur le bord de son étang (l'on comprend que c'est nous qui, en étudiant toute cette longue et constante évolution, y sommes parvenus avec lui). Alors — et c'est là que l'événement est magnifique, il va s'élever aussi haut que le ciel en regardant à ses pieds.

* * *

Telle est la clef de ce mystère des Etangs aux Nymphéas. C'est l'observation des reflets se substituant aux couleurs propres des milieux. C'est l'irréel prenant la place et l'apparence de la réalité. Dans ces tableaux, où l'horizon est complètement éliminé, ce qui est déjà sans précédent et donne à l'œuvre une concentration également inimaginée jusqu'alors, avec une irrésistible et paradoxale puissance le double et enivrant mensonge s'impose.

Car l'eau n'est plus elle-même, puisqu'elle n'existe que par le ciel qui la revêt de toute son apparence et y reproduit, *lui qu'on ne voit pas,* jusqu'aux moindres jeux de ses colorations et de ses nuages, et de son côté le ciel n'existe pour nous que par l'eau qui le confisque entièrement.

Ce fut là l'étrange aventure, qui dérouta d'abord une bonne partie du public, mais qui aujourd'hui a conquis l'admiration du monde entier et ne soulève plus ni discussion, ni incompréhension. C'est aussi le triomphe de la collection Canonne que d'avoir réuni un choix de dix-sept œuvres montrant tous les principaux effets de la suprême série et formant un ensemble que peut dépasser seulement la grande décoration des Tuileries, sans faire double emploi avec elle, et même au contraire, comme nous le verrons, en jetant sur elle des clartés nécessaires. Ce que jadis Clemenceau s'étonnait de ne pas voir accomplir par un collectionneur inconnu, ou par l'Etat dont l'impuissance n'est que trop connue, c'est-à-dire la conquête en bloc de toutes les *Cathédrales*, se trouve ici réalisée comme il ne l'est nulle part ailleurs, pour les *Nymphéas*.

Certes, toutes les fois que l'on rencontrera isolément dans n'importe quel milieu d'art une de ces strophes d'une incomparable hymne à la lumière, elle donnera sa joie complète, quel que soit son avoisinement. Placée à côté d'une peinture d'un dessin rigoureux, elle l'accompagnera comme un frôlement de harpe peut nous charmer en entendant la déclamation d'un poème ; proche d'une de ces recherches d'harmonies, complexes, ou brutales, dont l'art moderne est prodigue, l'énigme de sa caresse où les touches se trouvent confondues, liées sans commencement ni fin, abolira l'éclat de l'autre et en fera paraître grossière la contexture. Ainsi, dans un ordre d'idées analogues, peut-on juxtaposer un Corot et un Ingres, un Turner près d'un Lawrence. Mais quand un nombre aussi important que celui de la collection Canonne se suit, se déduit et s'exalte par la diversité, c'est un des phénomènes les plus surprenants que l'art de notre époque aura pu offrir à notre sensation comme à notre esprit.

A notre sensation, en effet, par cette fusion si légère et si suave de la touche qui, pour la représentation de l'eau, procède par nuances et transitions insaisissables, procédé qui maintenant s'évade entièrement du travail de divisionnisme d'ailleurs si serré et si étroitement tissé, de tout ce qui a précédé chez Monet. Mais observons que si l'ouvrage se bornait à rendre seulement le miroitement lisse de la surface aquatique, ce serait non seulement insuffisant, mais encore incompréhensible. Le grand et neuf artifice, le secret de la sensation, c'est que les fleurs et les larges feuilles qui sont montées du fond de l'étang sur ce fluide miroir et s'y étalent, sont peintes avec vigueur, avec rudesse même, et tranchent en la divisant, sur cette double et rivale fluidité : celle de l'eau et celle du ciel.

A partir de ce moment, le spectateur, avec le peintre lui-même, descend vers le ciel et glisse sur lui en même temps, spectacle qui peut le retenir longuement dans une douce et apaisante rêverie.

Ce n'est pas seulement cette délicatesse de l'eau mariée à cette fermeté de la floraison qui contribue à cette si particulière sensation; c'est aussi la *matière*. Les pâtes colorées de la peinture à l'huile, si souples ou si lourdes suivant la main qui les emploie, sont devenues en peu d'années après l'exécution et deviennent de plus en plus comme un émail non moins caressant au regard que les laques orientaux. Aussi, fut-ce une erreur détestable, parmi tant d'autres, de la part de la Manufacture des Gobelins, de vouloir traduire quelques-uns des Nymphéas. La matité de la laine supprimait tout le rayonnement de la peinture et remplaçait par une étoffe terne une vivante surprise de nature. Le prestige de l'œuvre ultime de Monet aurait failli sombrer dans cette aventure si elle avait été poursuivie, car pendant un moment cette inconsidérée traduction fit du tort au poème lui-même.

L'élaboration de tout le cycle, de tous les chants de ce poème, fut une entreprise de longue haleine et surprenante chez un homme de l'âge de Monet, c'est-à-dire passé la soixantaine. Il y fallut autant de volonté que de joie au travail et de foi en la lumière, à travers les moments de doute et de tristesse qui vinrent parfois l'assaillir, plus fréquemment qu'on ne pense, mais dont ces vertus triomphèrent toujours, et jusqu'au dernier moment. Ce n'est pas moins de vingt ans, et même bien plus si l'on comprend les premières tentatives et recherches dont nous avons vu un si saisissant épisode et un si curieux corollaire avec la *Tamise*. Mais si l'on prend seulement le temps où furent admises par le peintre à sortir de son atelier quelques-unes des vues de l'étang magique, c'est largement le quart de siècle qui se couronna avec l'achèvement définitif des grands panneaux des Tuileries.

Une autre diversion à la fois et confirmation suivant le même but que celle des vues de Londres fut encore le voyage de Monet à Venise. Ici de façon indiscutable, puisque Monet s'y rendit en 1908, et que nous avons des Nymphéas d'avant 1907, il allait avant tout étudier, approfondir par assimilation le problème des reflets sur l'eau. Dans sa préface, comme toujours animée, à la série vénitienne, ce point de vue a complètement échappé à Octave Mirbeau. Elle ne fut d'ailleurs pas très bien comprise ; mais aujourd'hui quand nous rencontrons une de ces Venise d'une si chatoyante couleur, c'est, outre l'intérêt d'expérience dont on devait logiquement trouver témoignage dans la collection Canonne, un enchantement.

Nous devons donc, avant de revenir avec Monet aux Nymphéas l'accompagner un instant sur ce nouveau champ d'expériences lumineuses. Ce n'est pas à vrai dire qu'ici la démonstration soit complète ; mais il suffit qu'elle soit simplement historique. En effet, les Venise qui nous serviraient le mieux, et qui sont les plus nombreuses de la suite, sont celles qui nous montrent seulement les façades des palazzi sur le Grand Canal, mais sans monter jusqu'à leur faîte, de telle sorte que nous ne percevions dans la plus grande partie que leur reflet. Ainsi se prouve *la nécessité* où se jugeait Monet, de faire de nouvelles découvertes dans ces réciproques actions de l'éther et de l'onde.

En conséquence, ayant noté les dates (les Venise sont de 1908, mais furent exposées plus tard) nous avons ici à considérer simplement le charme des deux toiles de la collection. L'une est une vue de la Lagune avec *San Giorgio* vers le soir. L'îlot nage dans une dilution de tout ce qu'on peut trouver de délicatement rose dans la nature. L'ombre, aux parties en retrait des édifices, s'épaissit toute bleue et particulièrement entre l'église et le bâtiment voisin. Un vigoureux accent de rouge s'élève au-dessus de cette masse rose doublée de bleu : c'est le campanile ; il sera le dernier à s'éteindre. Deux gondoles, en avant, que cette atmosphère bientôt crépusculaire amincit, glissent comme de grands insectes d'eau.

La seconde est beaucoup plus corsée de coloration, et dans un sens, elle se rattache à la question par le ton complexe de l'étroit canal (le *Rio della Salute*) où se mélangent le vert paon du pont étroit et de

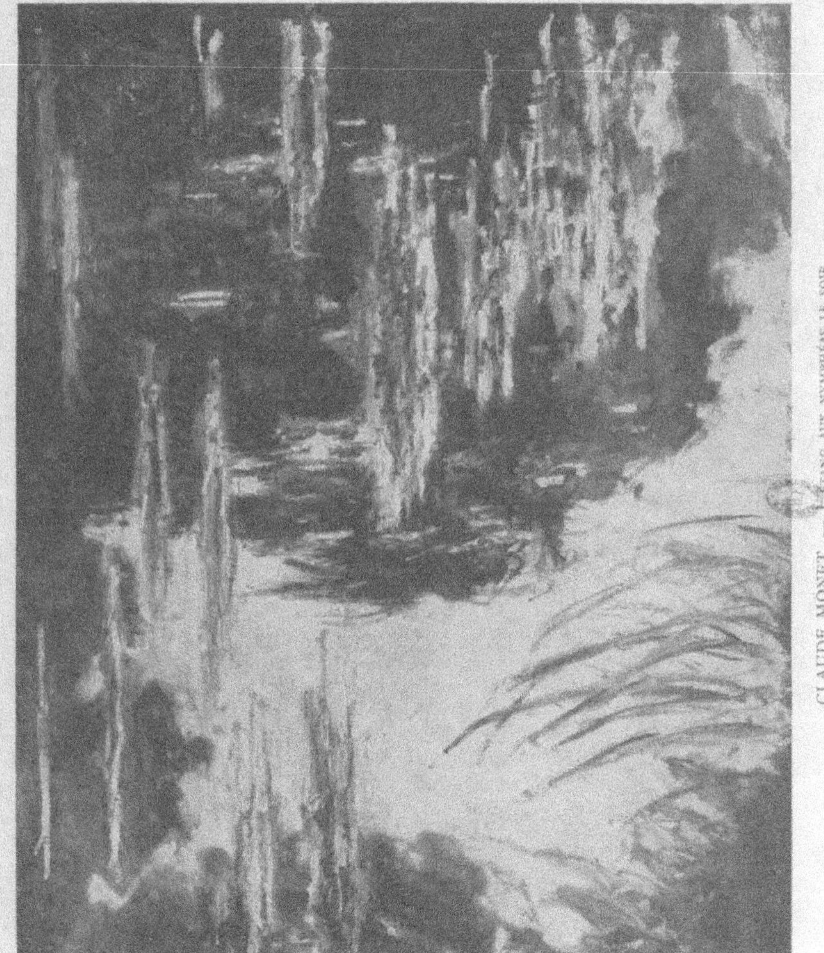

CLAUDE MONET. — L'ÉTANG AUX NYMPHÉAS LE SOIR.

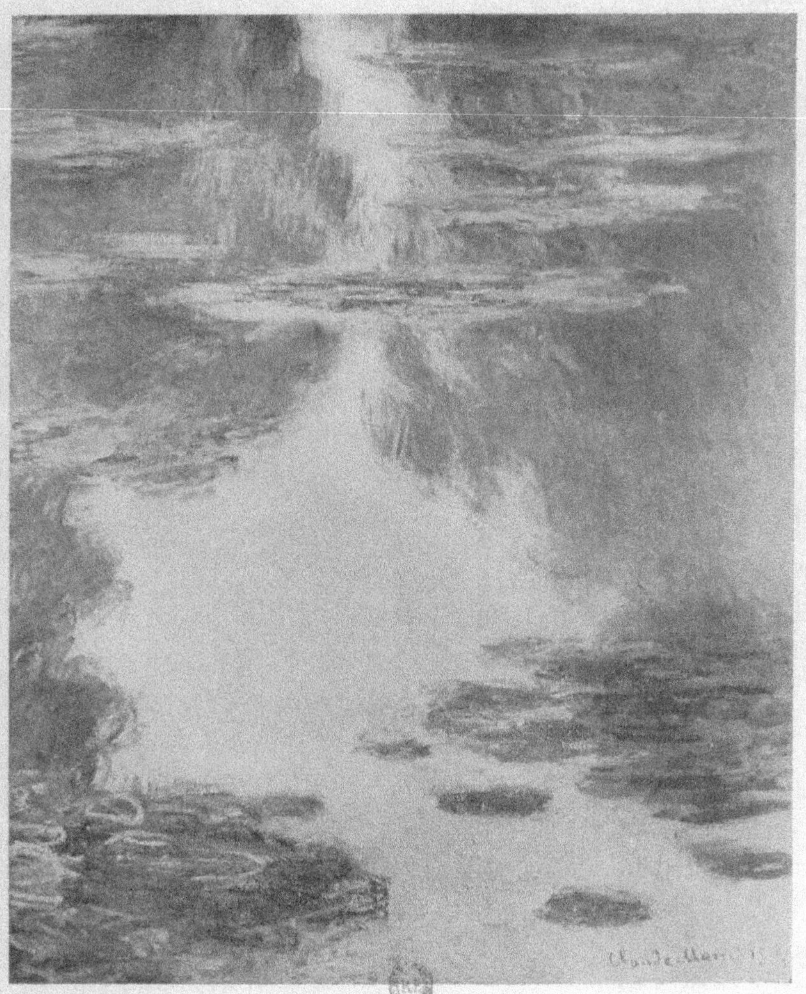

CLAUDE MONET. — Les nymphéas.

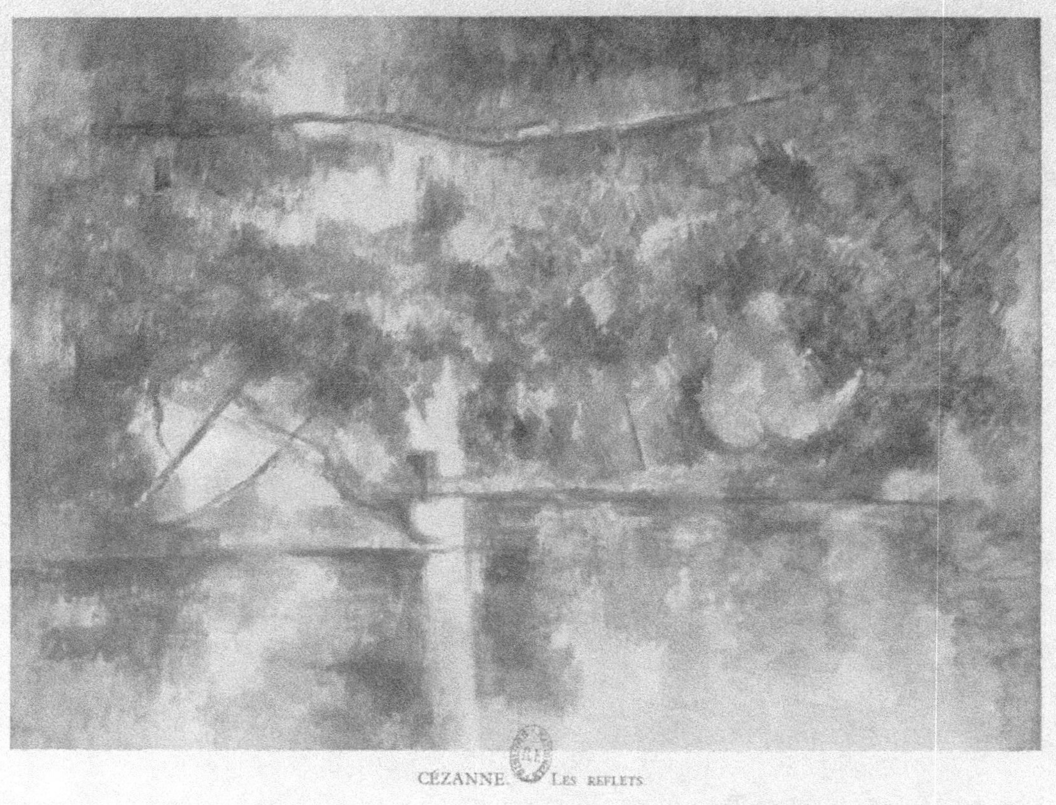

CÉZANNE. LES REFLETS

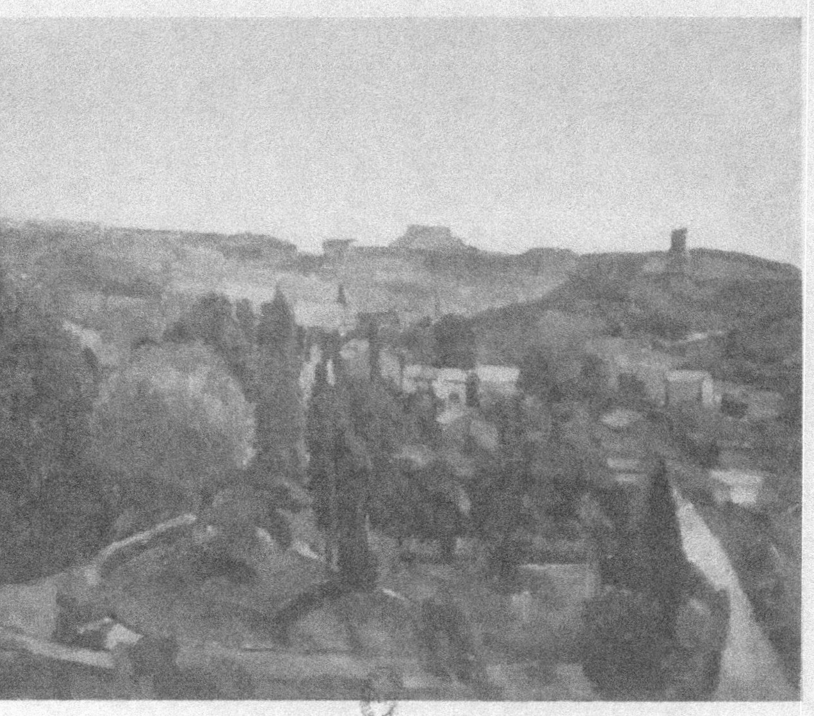

CÉZANNE — VUE AUX ENVIRONS D'AIX-EN-PROVENCE.

l'eau et les reflets vifs du ton de corail qui y plonge du haut du grand
mur et du palazzo s'érigeant de part et d'autre. Des balcons délicats
ornent l'étrange demeure rouge, et le sommet d'un arbre touffu
dépasse un peu la muraille d'en face pour donner à croire que la
nature n'est pas totalement inconnue à Venise.

* * *

Lorsque Monet regagna son miroir céleste après cette escapade,
il lui trouva certainement une douceur et une mesure dans la richesse
qui n'appartiennent guère qu'à nos régions, et dont nous apprécions
le prix toutes les fois que nous revenons des pays où tout procède
par violents contrastes. C'est cette richesse dont cette modération ne
diminue pas, loin de là, la pénétrante intensité, qui règne dans toute
l'œuvre des Nymphéas en général, et dans la quinzaine de tableaux de
la collection Canonne. Ce qui les rend intéressants au plus haut point,
après, bien entendu, le ravissement qu'ils nous procurent, c'est qu'ils
parcourent à peu près toutes les gammes sur lesquelles Monet bâtit ses
variations, des plus tendres aux vigueurs que peu à peu vers la fin il
devait prodiguer dans les grands panneaux de la décoration. Seulement,
dans ces derniers ils perdent, à cause des dimensions et surtout de la
présentation mal comprise, un peu de la force de persuasion, d'insinua-
tion qu'ici à la fois isolés les uns des autres et cependant réunis et unis
par un côte-à-côte savamment calculé, ils gardent tout entière. Ce fut
une erreur, en effet, dans l'arrangement des Tuileries (et il y en a plus
d'une) que de faire suivre ces amples toiles bord à bord, sans solution
de continuité, comme un *makimono* se déroulant sans fin et revenant à
son point de départ, tandis que dans l'atelier de Giverny, simplement
juxtaposées, elles produisaient une impression bouleversante. Il en
ressort, par la comparaison, que l'encadrement de chaque tableau est
nécessaire pour donner son plein effet, tant examiné séparément que
participant de l'atmosphère créée par tous les autres, même quand
notre pinceau d'attention (voir Bergson) ne se dirige que sur un seul.
Ainsi que dans une fugue de Bach — je me sers décidément de
ces analogies musicales, puisque personne n'ignore plus la correspon-

dance des phénomènes colorés et des phénomènes sonores, — les *Nymphéas* sont des compositions à trois voix : l'eau, le ciel, la plante.

Cette dernière n'est point un personnage quelconque, une fleur comme une autre. C'est une princesse, lointaine d'origine, et qui incarne de mystérieux et augustes symboles. Deux patries de la beauté se disputent l'honneur de lui donner son nom. La Grèce l'appelle *Nymphée*, la comparant à une nymphe des eaux. Mais pour la Perse, ou plutôt l'Arabie persane, elle est le *Nénouphar*. Ce n'est pas tout ce qu'elle évoque d'images et de mystérieuses harmonies. Semblable à Hélène qui, suivant l'étrange fable grecque a pu apparaître à la fois à Troie et en Egypte, dans cette dernière contrée la Nymphe-Nénufar n'est rien moins que le *Lotus*, le divin lotus, parure, aliment et attribut ! Enfin, plus haut encore, c'est le Lotus qui seul a l'honneur de porter le Bouddha dans ses navigations sublimes. Elle est donc une fleur à part, dont le rôle, dans la vie, des eaux demeure profond, presque énigmatique. Chateaubriand qui note le déploiement de ses feuilles à la saison printanière lui attribue celui d'une sorte de demoiselle d'honneur des noces aquatiques qu'elle abrite de ses larges disques. Il est certain que son aspect provoque en nous une sorte de surprise que ne nous donne pas tout autre végétal de nos climats. Nous la considérons avec la même curiosité un peu troublée que toute beauté exotique. La sensibilité de Monet à tout ce qui est vivant dans la nature l'avait instinctivement choisie entre toutes les grandes dames dont abondaient ses jardins. Sans doute l'on pourrait sourire si nous soutenions que ces sortes de considérations sont ce qui a déterminé le peintre. Elles sont pour nous surtout et ajoutent quelque plaisir de méditation à notre sensation physique. *Mais elles demeurent cependant au fond des choses*, et c'est par là qu'elles se sont imposées au grand artiste.

D'ailleurs rien n'est plus beau et plus distinct dans l'ensemble que ces palets d'un souple bronze d'où surgit le bouton déjà coloré à sa pointe, et qui va se déployer en une émouvante rosace, d'un blanc, d'un carmin, ou d'un jaune rivalisant à qui sera le plus précieux. Les Nymphéas s'ordonnent en groupes toujours merveilleusement disposés. Rattachés à la terre par leurs longues et flexibles tiges, ils planent sur l'eau qu'ils font paraître plus profonde, et dans les peintures de Monet, ils sont la seule séparation entre elle et le ciel reflété. Nymphes des eaux, *elles seules n'ont pas de reflet*. Aussi semblent-elles suspendues entre les deux éléments visibles mais insaisissables.

L'eau est la deuxième *voix* de la fugue. Elle est la servante des prestiges qu'ordonne et que varie sans cesse la grande *troisième voix*, le ciel. Elle n'est rien par elle-même, elle devient tout par son obéissance. Elle capture le ciel, mais aussi elle le double, et Monet a éprouvé que *la contemplation du ciel sans lever les yeux vers lui* était un des plus émouvants et des plus troublants spectacles, et lui qui avait si souvent interrogé l'immensité féerique qui nous enveloppe à des hauteurs insondables, fut éperdument conquis par l'idée de la retrouver à ses pieds, de s'y élever en s'abaissant.

Toutes ces choses subtiles mais vraies, et qui s'alourdissent dans les mots et les phrases, le peintre les montra d'un seul coup, s'appliqua à les rendre visibles, avec une passion extraordinaire qui lui fit retrouver entre sa soixante-dixième année et son dernier souffle toute la fougue, toute la sûreté de la jeunesse. Certes nos analyses sont faciles après la création. Celle-ci est un acte, elle est donc tout, et l'artiste n'a point à s'en rendre compte ni à raisonner le pourquoi et le comment de ce qui l'a dominé et à la fois de ce qu'il a maîtrisé. Mais nous, notre devoir est d'y pénétrer aussi profondément que nous le pouvons. Comprendre, c'est mieux subir. Seulement si le plus haut devoir envers les œuvres d'art, comme envers celles de la nature, est de chercher à connaître les causes, il est superflu et peut devenir fastidieux de décrire les effets qui sont si puissamment écrits. Aussi notre description des admirables *Nymphéas* de cette collection doit-elle se borner à quelques notations et un classement élémentaire.

Nous pouvons distinguer tout d'abord entre deux systèmes constructifs. Dans l'un, l'étang s'épand tout entier horizontalement devant nous, avec ses groupes de Nymphéas, et sans autre interruption que de légers massifs d'arbustes qui ne participent que très discrètement à la scène. Dans l'autre système, les reflets de massifs que cette fois on ne voit pas eux-mêmes, au contraire se resserrent de chaque côté et déterminent une sorte d'étranglement de la lumière sur le miroir

vers les deux tiers de son étendue, de telle sorte qu'elle recommence
à s'étaler au premier plan. La réflexion du ciel se trouve dans la partie
au delà de ce resserrement, très intense, pour devenir en avant plus
atténuée, plus calme, moins colorée, toujours aussi claire. Dans cette
disposition, c'est comme une ruée de lumière qui semble descendue
vers nous. Chacune de ces deux constructions comporte des effets,
les unes de fraîcheur, les autres de vigueur, suivant l'heure qui les
illumine ou les caresse.

Voici, d'abord, parmi les claires en largeur, un effet de plein ciel
d'un vert tendre, de ce vert charmant d'une rainette, avec de très
légers reflets de nuages. La voix-nymphéa se distingue surtout par
trois boutons rouges, dont on se plaît à imaginer que Monet attendait
l'éclosion avec sollicitude.

Souvent ces peintures se répondent entre elles dans des harmonies
différentes et presque symétriquement. Donc une autre correspond à
celle-là, et la dominante de l'eau en est d'un vert plus frais. Les disques des nymphéas y sont duvetés de blanc. Les fleurs sont, au groupe
du premier plan, d'un rose de fleur de pommier, et de même à droite
en arrière. Ici le mouvement de la *voix* de l'eau est donné, cependant
qu'elle conserve l'image du ciel, par un très léger souffle d'air qui a
passé sur elle en la plissant délicatement.

Deux autres, toujours en large, ont pour tonalité harmonique une
teinte indéfinissable de vert paon, mais très délayée. En voici le résumé :

Premier. Les disques sont légèrement rosés ; ils portent des fleurs
largement épanouies, jaunes au cœur rouge, au premier plan. Reflet
de buisson d'un vert pâle, tirant sur l'or vert. L'eau est d'un bleu
très profond, mais influencé par le reflet de la jeune verdure. A droite,
à gauche et au centre dominent des fleurs roses.

Deuxième. Effet presque opposé au précédent ; c'est-à-dire que
c'est à l'arrière que le reflet s'allège par rapport au premier plan qui offre
un embrouillis de nymphéas, comme affaiblis dans une nappe vert doré.

Hélas ! On voit déjà combien il est difficile d'éviter de devenir
incompréhensible en se servant des mots pour décrire et classer ce
que nos yeux lisent si clairement d'une façon simultanée, et cap-
tent de toutes les parties à la fois, du centre aux extrémités et des

extrémités au centre. Nous nous découragerions de poursuivre cette mauvaise traduction, si nous n'avions pas à faire en même temps le recensement d'un assemblage si extraordinairement complet et varié.

Voici donc deux autres peintures, également en largeur, particulièrement remarquables par la présence d'un nouveau ton, une sorte de bleu persan très soutenu, d'une profondeur et d'une séduction dont on ne saurait non plus donner idée. Ce bleu qui pourrait être dit de pourpre bleue, seule et piètre façon de le qualifier, est strié perpendiculairement de passages plus chauds où domine un carmin sombre. Sur l'eau ainsi teintée, les nappes florales étalées tranchent avec leurs feuillages d'un ton de malachite très clair, sertis de blanc. Impression très calme et très enivrante. C'est ici, peut-être, que l'on sent le mieux la troublante identité du Nymphéa et du Lotus. Mêmes contrastes dans l'autre chant en le même bleu persan, avec cette différence que tout en jouant sur *presque* les mêmes notes l'impression est plus intense, parce que les stries rougeâtres *semblent* dominer ce bleu si oriental. Ces deux poèmes de couleur font comprendre les légendes qui nous disent l'attirance des eaux, la fallacieuse annonce des secrets merveilleux que doivent recéler ces surfaces de rêve. C'est dans un étang de Monet que s'est laissée glisser Ophélie.

Une disposition différente nous est ensuite présentée en deux toiles à classer également parmi celles dont la résultante est de suavité et de tendresse. Celles-ci sont en hauteur, ce qui en fait paraître la perspective plus lointaine. Ces deux peintures qui sont, de toutes, les plus limpides, sont presque en contre-partie absolue. L'une d'elles est celle qui figure reproduite en couleurs sur la couverture de notre livre sur Monet, édité par Bernheim Jeune. Ici, ce sont uniquement trois groupes de fleurs rose vif qui se suivent, formant toute la partie agissante du tableau. Dans d'autres nous avons vu au dernier plan des buissons avec leur reflet, ici le reflet seul fait deviner sa cause. Le groupe médian supporte les fleurs les plus vives ; celui qui le suit, les plus pâles. Celui du premier plan à gauche n'en a qu'une grande qui est près de s'épanouir. Les feuilles vert très clair de chacun s'entremêlent et se chevauchent. L'un de ces deux tableaux symétriques est plus émeraude ; l'autre plus azuré imperceptiblement mélangé de mauve, et les reflets, tombant plus bas, sont d'un bleu foncé. Tous les deux, à cause de l'absence de tout autre élément que le ciel et l'eau, le miroir et le mirage, unis par l'apparence, séparés matériellement par les nymphéas, pourraient bien être ceux de toute la collection qui donnent le mieux la sensation du glissement continu qui passe sous les fleurs, et des fleurs qui nagent suspendues entre les deux irréalités : le ciel qui n'est révélé que par l'eau, et l'eau qui n'est qualifiée que par le ciel.

****

Les suaves peintures que nous venons de contempler nous communiquaient une impression de sécurité, de bonheur, celle même à laquelle s'adonnait le maître en les parfaisant. Celles par qui nous allons terminer cette capitale partie de la collection pourraient être dites plus dramatiques. Elles nous acheminent jusqu'au seuil du grandiose poème des compositions qui occupèrent les toutes dernières années de Monet et dont les plus importantes, celles du moins qu'il jugeait telles, sont maintenant réunies aux Tuileries.

Les pages dont il s'agit sont celles dont nous avons déjà résumé la construction : c'est-à-dire celles en hauteur où la lumière traverse une sorte de détroit gardé par les groupes de nénufars, s'exalte avant de le franchir, et va, s'évasant en clarté en arrivant vers nous. Par le fait de ce resserrement, l'eau qui en rencontre la résistance fictive semble plus mouvementée, et dans un léger bouillonnement, fait flamboyer le reflet du soleil couchant, au lieu de le laisser s'étaler en couches de dorure ou de cuivre. L'effet en est donc plutôt, comme nous le disons, de drame, et du drame qui venait parfois éprouver l'énergie victorieuse de ce grand homme. C'est en cela que tout ce vaste poème des Nymphéas n'offre plus seulement une beauté sensuelle particulière, mais encore une sorte de beauté de confessions émanant d'une des plus grandes sensibilités picturales qui furent.

Deux de ces quatre *Nymphéas* véhéments sont plutôt, semble-t-il, matinals. C'est une lumière plus froide qui fait irruption de la partie arrière et qui se répand plus paisiblement près du spectateur. L'un des deux est plus vigoureusement silhouetté et l'opposition plus marquée entre les nymphéas, l'eau et les deux buissons latéraux. Aux angles, dans les quatre tableaux d'ailleurs, les groupes floraux quoique moins en vue que dans tous les précédents n'abdiquent rien de leur importance, de leur raison d'être.

Les deux que nous appellerons les enflammés se suivent à peu de moments de distance. L'un n'est que le prélude de la fanfare solaire, aussi part-il d'une note plus rosée, et l'avant est-il encore influencé par un reste de lumière du jour. Dans l'autre les oppositions entre les valeurs corsées et les légères sont-elles beaucoup plus accentuées et c'est entre ces obstacles plus sombres que se précipite l'eau incendiée par le couchant dans sa plénitude.

Telles sont les pages uniques dans la peinture moderne et française où non seulement se reflète toute l'émouvante féerie du ciel, mais aussi toute l'âme passionnée d'un grand peintre.

Il en reste deux (dont nous ne saurions, pas plus que pour les autres d'ailleurs, préciser la chronologie, question secondaire en ce qui concerne le sens de notre étude) qui offrent ce vif intérêt de venir rejoindre les pages de très grande dimension qui furent l'effort suprême.

De cet effort ces deux grands tableaux, beaucoup plus larges que hauts, ne sont pas seulement l'exorde. Ils en font, par leur vigueur d'exécution et leur couleur soutenue réellement partie. On y assiste aussi à deux moments de la vie nymphéale, et par suite à la progression ininterrompue de la passion avec laquelle Monet suivait non seulement les magies de la lumière, mais aussi cette vie non moins vivante que la nôtre, si l'on peut dire, d'êtres qu'un François d'Assise aurait appelés nos sœurs les plantes des lacs.

Nous voyons donc d'abord sur l'eau la plus vert bleu, des groupes pas encore très fleuris (une seule fleur éclate joyeusement) et les reflets vigoureux d'un buisson à l'arrière. Puis succèdent dans le second tableau trois groupes en pleine floraison, incarnat principalement, qui s'affirment, avec leurs palets d'or cerclés de pourpre, sur une eau nuageuse, reproduisant un ciel brouillé. Ce tableau où la force vitale surabonde pourrait être intitulé la Maturité, comme l'autre la Jeunesse, avec chacune leur enivrante séduction.

Sur tant de surprises et d'émois divers, nous prenons congé du poète de la couleur qui les a suscités. Semblable à ses couchers de soleil, il allait, avec les grands panneaux de la donation et ceux qu'il garda, célébrer avant la nuit ses fêtes les plus intenses, dont on ne peut, dont on ne doit pas dire si elles sont ou plus ou moins admirables que toutes celles dont nous venons dans la collection Canonne de voir les témoignages et goûter les joies.

Mais ce ne sont pas uniquement ces joies de nos yeux qui nous demeurent dans l'esprit après un pareil spectacle. C'est aussi une profonde joie des cœurs. Monet n'avait qu'une foi, mais cette foi en le plus grand et le plus bienfaisant principe de la vie, du plus magnifique aussi : la lumière dont il est aussi vain d'expliquer le mystère, que doux et consolant de l'accepter.

Et c'est une leçon merveilleusement réconfortante entre toutes, qu'une des plus intenses énergies s'arrête sur un des cris d'optimisme les plus éclatants.

VII

PRÉSENCE DE CÉZANNE
ET DE PISSARRO.
CHEFS-D'ŒUVRE DE SISLEY

D^E quelques personnalités que se compose l' « école impressionniste » — qui n'a jamais été une école, — quelles que soient celles que l'on y puisse rattacher ou dont on l'ait surchargée, trois seulement sont unies par les liens indissolubles, fraternels, des années de début, de la recherche et de la lutte en commun, et même de l'âge qui d'une façon étonnante coïncide.

Monet, Renoir, Sisley sont ces trois héros de l'art renouvelé après la guerre de 1870.

Pas même Pissarro, qui fit cause commune avec eux et qui apporta à ces agissants quelques théories ; pas du tout Cézanne, de qui l'effort est la négation même de la spontanéité, principe animateur de l'impressionnisme ; pas davantage Bazille, malgré des relations profondément amicales, n'appartiennent en fait à ces années décisives et à ces liaisons primordiales. De Degas il ne saurait être question ; de Manet non plus. Qu'on ne se récrie pas avant d'avoir suivi jusqu'au bout ces brèves considérations. Degas exposa avec les impressionnistes par goût et par tactique, mais sans assimilation possible. Manet leur emprunta plus tard non moins qu'il leur donna à la première heure.

Pourtant il n'est pas illégitime de tenir compte de tous ces noms et de les comprendre dans ce mouvement très complexe de préparation ou de participation, mais après avoir toujours mis le trio hors de pairs. De même, il serait possible de rechercher parmi leurs ascendants des maîtres comme Delacroix et Courbet, extraordinaire antinomie et pourtant réelle action; et, comme nous l'avons vu, Jongkind; et jusques à Corot que les trois adorèrent, et qui ne les admit point.

Seulement une collection qui présenterait tout cela pêle-mêle, avec quelques noms encore (Caillebotte, Piette, Victor Vignon, etc., etc.) ne pourrait qu'engendrer de grandes confusions, même avec un « guide autorisé ». Aussi la force, l'enseignement et la beauté de la collection Canonne sont-ils d'avoir offert exclusivement l'idée et le spectacle *essentiels* du grand événement artistique auquel donna lieu, quels que fussent les points d'arrivée de chacun, le point de départ commun des trois instigateurs sans le vouloir, des trois rénovateurs sans s'en douter, des trois révolutionnaires sans avoir prévu la révolution. Cette collection a concentré en des exemples aussi divers qu'admirables tout ce qui représente les qualités supérieures, les plus complètes réussites des trois évadés de l'atelier Gleyre, et elle l'a fait dans les plus excellentes proportions, se préoccupant même de ne pas passer sous silence deux des artistes importants qu'une association d'idées leur a toujours adjoints, non sans quelques raisons que l'on fera mieux d'indiquer tout de suite en quelques mots.

Pissarro était l'aîné par quelque dix ans de Sisley, né en 1839; de Monet en 1840; de Renoir, en 1841. Doué de hautes facultés de peintre, mais esprit particulièrement butineur, il allait partout, et récoltait de tout. Ce qui est notable, c'est qu'à travers toutes ces curiosités et toutes ces réceptivités, il garda une sorte de personnalité et une très belle constance de sentiment. Dans ses va-et-vient, il arrivait d'une visite à Corot pour exposer aux trois jeunes sauvages de Barbizon la théorie des valeurs. On prétendra plus tard, faute d'avoir approfondi la question avec Renoir, qu'il leur fit part également des aperçus nouveaux sur l'éclaircissement de la palette, alors qu'il est acquis — et prouvé par l'examen même des œuvres de début — que c'est ce même Renoir qui en avait eu le premier l'instinct et la pratique, et qui les avait communiqués à ses deux camarades. Quoi qu'il en soit, Pissarro qui devait plus tard jouer un rôle de liaison analogue, et des plus curieux, cette fois dans le mouvement néo-impressionniste (que la collection Canonne nous donnera aussi l'occasion d'étudier avec l'attention qui lui est due) figure ici par une de ses meilleures toiles des années peu éloignées encore de l'époque que nous venons de rappeler. C'est une magistrale vue de la campagne à Eragny, ou quelque autre nature du même genre, avec de très grands arbres versant une ombre pleine de fraîcheur à l'herbe épaisse qui tapisse cette terre plantureuse. Une éclaircie s'aperçoit au delà de ces fûts vigoureux ; de jeunes paysannes se reposent nous donnant l'échelle de ce site robuste et sain. L'exécution conserve, en attendant l'évolution suivante, les attraits et les solidités quasi-classiques qui se rattachent à la fois à Courbet et à l'école de Fontainebleau.

**
* * *

Pour Cézanne, le cas est absolument différent. Dès le commencement, il est isolé ; il se mure dans son effort qui est de l'acharnement et qui deviendra plus tard un fécond désespoir. Alors que Monet, Sisley et Renoir se soulageaient allègrement du trop plein de leur force à chaque œuvre successivement (Monet ne peignit-il pas *Camille* vingt-quatre heures avant l'envoi au Salon !) lui les accumule sans relâche sur la même, ce qui est exactement le contraire de l'impression ; — ou bien au contraire, il abandonne l'impression au moment où il allait la ressentir, et il ne laisse sur la toile que le témoignage d'un intense désir. En somme deux sortes de beautés d'impuissance qui auront enthousiasmé tardivement, mais au moment opportun, les générations de notre propre siècle, après avoir laissé profondément indifférentes celles du précédent. Les grands impressionnistes le regardaient avec curiosité, et lui-même les comprenait mal. Ils ne le pouvaient renier ; ils ne l'adoptèrent jamais complètement. Monet seul l'admira sincèrement. Des deux genres de beauté que nous venons de définir, la collection présente un exemple très spécifique. L'un est un site boisé dans un creux de vallon très vert ; des toits rouges se distinguent entre les sommets des arbres ; la crête du coteau fait un beau découpage sur l'horizon. La matière très robuste à cause de l'opiniâtreté, est devenue comme une barbotine, et l'harmonie est très soutenue. L'autre est de la famille des commencements abandonnés. C'est une des nombreuses esquisses pour le motif d'un certain pont jeté sur un ruisseau profond qui traverse une forêt escarpée, à mi-hauteur. Ce premier jet est comme délirant. On le lirait difficilement si l'on ne connaissait pas le même sujet d'autres fois plus nettement indiqué. Mais supposons l'achèvement, et même quelques touches de plus, et l'effet étonnant d'humidité, de transparence, obtenu on ne sait comment, ni Cézanne, ni le spectateur, serait détruit.

Après ces figures particulières, il nous faut maintenant concentrer toute notre attention, comme nous l'avons fait pour la figure dominatrice de Monet, sur celle très franche et très simple de Sisley, puis sur celle, ondoyante et diverse, attrayante autant que complexe, ensorcelante en un mot, de Renoir.

Renoir bien des fois — il avait alors dépassé la cinquantaine, — m'a décrit avec délices la vie du trio durant les saisons difficiles. Sisley, qui venait, par la ruine paternelle, de passer de l'aisance à la pauvreté, mais qui avait l'intrépidité et les forces de la jeunesse pour surmonter les épreuves qui devaient l'accabler à la fin de sa vie, était d'une gaîté éblouissante, un merveilleux maître d'insouciance et d'entrain. Renoir, véritable Ariel de la peinture, apportait au fonds commun ses boutades fantasques, son ironie, tout l'imprévu de son espièglerie. Monet, lui, apportait la volonté. Quand venaient les visiter les inévitables accès de doute, et quelque anxiété bien compréhensible en présence d'une lutte, d'un struggle dont ils ne soupçonnaient pas eux-mêmes le paradoxe, Monet les ranimait, leur communiquait sa certitude de vaincre. Que leurs rapports se soient modifiés par la suite, c'est ce qu'il n'entre pas dans notre sujet d'indiquer, même par allusion. Mais leur art est demeuré, même en différant plus tard, mystérieusement fraternel. Il garde l'indéfinissable marque de l'essor mutuel, et c'est ce qui fait par les exceptionnelles affinités persistant

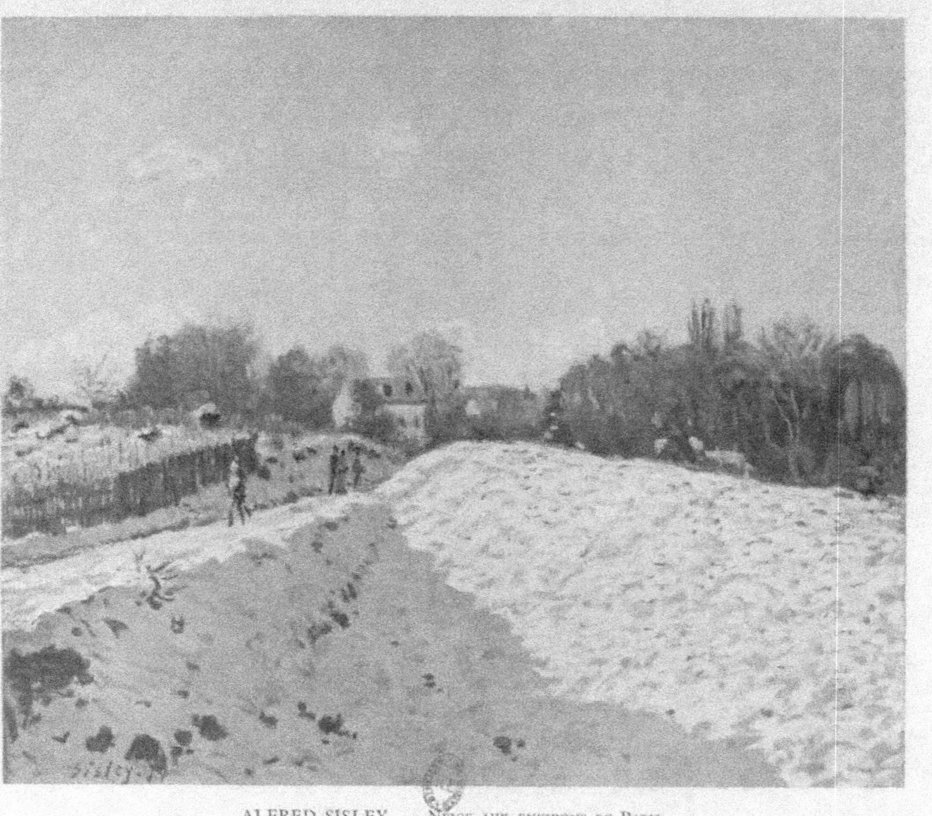

ALFRED SISLEY. — Neige aux environs de Paris.

dans la diversité des œuvres, l'aspect saisissant, la dominante de la collection Canonne. Telle est la raison pour laquelle nous limitions tout à l'heure si strictement les personnalités pures de l'impressionnisme à son origine.

Sisley peut donc venir en ce point de notre étude avant de terminer sur l'enchantement de Renoir la première partie de ce livre.

Personne n'a mieux que Théodore Duret, en racontant la vie navrante de Sisley en opposition constante avec son œuvre qui ne reflète aucune de ses misères, apprécié l'art de ce parfait impressionniste. « Il a su, dit l'écrivain, rendre la nature d'une manière riante. Son œuvre... se rapproche par le sentiment qui la pénètre, de celle de Corot. Sisley est un délicat que la nature enchante. Il a recherché, de préférence dans le paysage, les motifs aimables et intimes qui correspondaient le mieux au genre de sensations qu'il éprouvait et qu'il voulait rendre. Aussi est-il le paysagiste impressionniste préféré par les hommes tendres qui demandent aux œuvres d'art l'émotion répondant à leur manière d'être... On l'accusait de peindre dans une gamme artificielle lilas. Aujourd'hui on est habitué à voir les paysagistes employer les tons les plus tranchés pour rendre les effets de lumière ; aussi la palette de Sisley semble-t-elle absolument calme et d'une grande justesse ».

Deux œuvres le représentent et elles suffisent à ce que cette représentation soit aussi belle et complète qu'on le peut exiger.

Un paysage de neige dans la manière de la première moitié de sa vie est un parfait chef-d'œuvre. Nous n'en connaissons pas de plus beau entre la quantité de ceux qui ont passé sous nos yeux depuis plus de trente ans, ce n'est pas peu dire. Un terrain en contre-bas s'enfonce en coin au premier plan, divisant donc, sous le ciel, le reste du tableau en deux parties triangulaires, formant des buttes ascendantes. A droite, c'est un volumineux remblai couronné d'arbres au feuillage roussissant. A gauche, un chemin longe en la dominant la dépression, bordé d'un terrain entouré de treillage. Des passants cheminent dans ce sentier. A la rencontre des deux obliques, et au fond de la perspective, l'on voit des villas à toits bleus ; la ligne supérieure continue par des plantations plus légères les arbres de la moitié de droite. Un ciel pur, à peine caressé de nuages, couronne, éclaire et colorera le tout comme un plafond lumineux de plein jour.

La construction est si heureuse, si ferme, tout en demeurant naturelle, nullement calculée, qu'à l'aide de cette description, on pourrait à peu près exactement la reproduire sans voir le tableau. Mais ce que les mots ne peuvent faire imaginer, ce qu'ils sont même totalement impuissants à approcher dans quelque faible mesure que ce soit, c'est l'allégresse, la santé, la *vérité* de cette lumière et de cette couleur. Car les mots de bleu pour constater les ombres dans la neige, de blanc pour dire naïvement la neige elle-même, de cuivre roux pour les massifs d'arbres, en présence même du spectacle sont insuffisants pour exprimer sinon la nature de ces tons, mais leur *qualité*, et encore moins ce qu'ils font, par nos yeux, nous entrer dans l'âme et demeurer dans notre souvenir. L'exécution en est d'une sûreté joyeuse d'un bout à l'autre, disant richement tout ce que le peintre a voulu exprimer en le ressentant, sans une touche de trop ou de moins, ce qui est un des plus rares bonheurs dans toute œuvre de l'esprit. Le temps (au moins soixante ans) en a embelli la matière, le style et le sentiment comme il le fait pour tout ce qui a été puissamment éprouvé par un bon ouvrier dans ses moments d'ardeur confiante. L'atmosphère de ce simple coin de banlieue devient quelque chose de si sain et de si vivifiant qu'il vous donne envie de sortir et de marcher dans la neige par un jour aussi clair, sous un ciel aussi purifié. On se soulage d'admiration en répétant le mot : chef-d'œuvre.

L'autre paysage, dans une note plus souvent exploitée par Sisley, n'en est pas moins un excellent spécimen de sa maturité, lorsqu'il s'établit à Moret-sur-Loing, où il avait trouvé à vivre moins coûteusement et discerné un thème pittoresque, avenant, aimable, sans fadeur, avec de la grâce française non sans noblesse, pouvant être l'objet de maintes variations rien qu'en se déplaçant de quelques pas. Cette riante *Vue de Moret* prend le motif, on peut dire, de face, c'est-à-dire avec la rivière au premier plan et au milieu du tableau, et dans le fond le pont qui la traverse horizontalement. A son extrémité droite, il porte quelques vieux bâtiments, et de côté l'on voit encore l'église à travers un rideau de grands arbres, tout cela enfonçant dans l'eau

tranquille un magnifique reflet mordoré. Tout à fait dans l'angle
gauche, un coin de rive tout gazonné de frais ; au-dessus du tout un
ciel de commencement de soir sans inquiétude ; dans l'ensemble un
envahissement de nature réconfortante et de bien-être. Et pourtant,
à cette époque le pauvre Sisley était bien dédaigné, à cinquante ans
et plus. La critique, à très peu d'exceptions, n'avait cure de lui. Il
ne vendait pas. J'en aurais long à dire sur ce sujet, que je ne dirai
jamais. Comment cette peinture donne-t-elle l'idée du bonheur de
vivre ? Comment cet homme si justement inquiet et attristé pourrait-il
être supposé au contraire plein de sérénité et de confiance d'après
toute sa production même d'alors et jusqu'au jour où un mal impla-
cable le força à déposer le pinceau ? C'est qu'il lui était demeuré
à travers toute l'ingratitude de sa vie, un amour fervent de son métier, de sa fonction naturelle de peindre comme l'arbre pousse et
fructifie. Alors le long de la limpide rivière, sur les rives fraîches,
au pied des grands arbres au feuillage murmurant, avec, au loin la
vieille église solide, sa palette à la main, et se chantant pendant le
travail son motif favori, le trio du *scherzo* dans le *Septuor* de Beethoven,
il retrouvait intact tout le feu de sa gaie jeunesse. C'est comme cela
que ses moments d'oubli nous donnent des moments bienfaisants.

Il y a donc que deux tableaux de Sisley dans la collection Canonne,
mais par leur qualité remarquable où deux époques se représentent
et se complètent, ils permettent de ne pas souhaiter davantage et ils
relient solidement la gerbe. Ils remettent Monet, Renoir, et Sisley
lui-même de nouveau coude à coude, âme à âme de jeunesse, après
un demi-siècle écoulé.

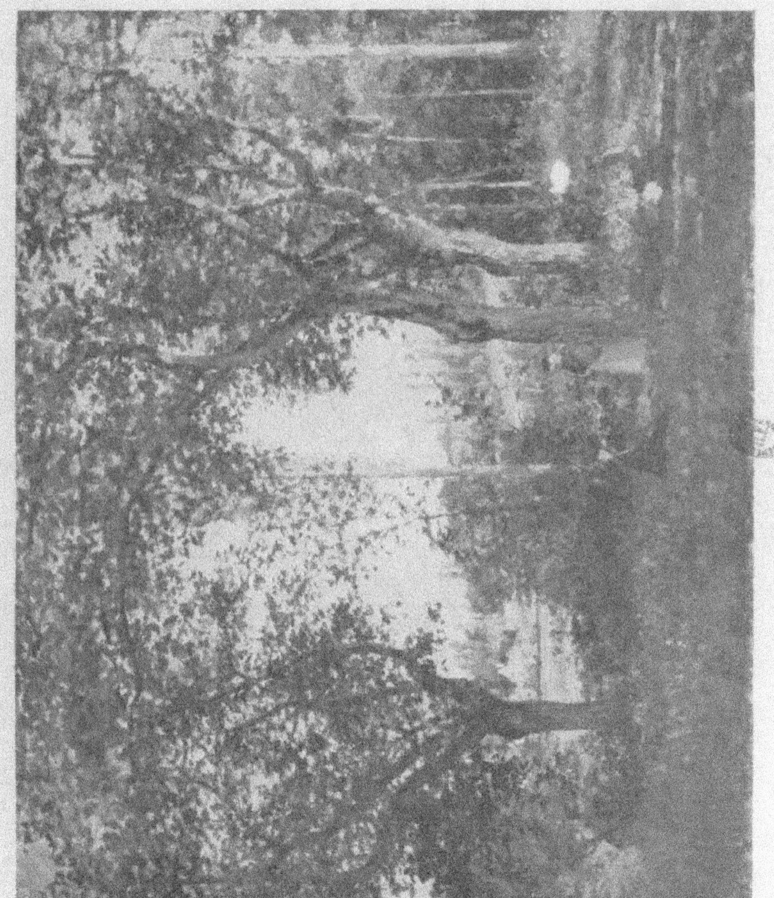

CAMILLO PISSARRO. — CLAIRIÈRE A ERAGNY.

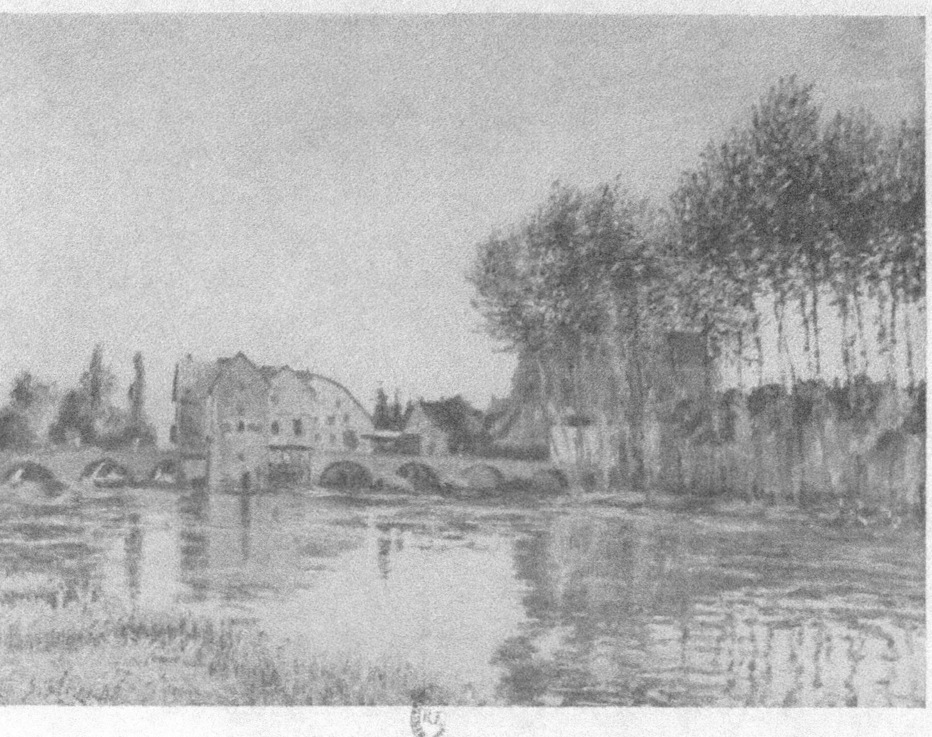

SISLEY. — Vue de Moret-sur-Loing.

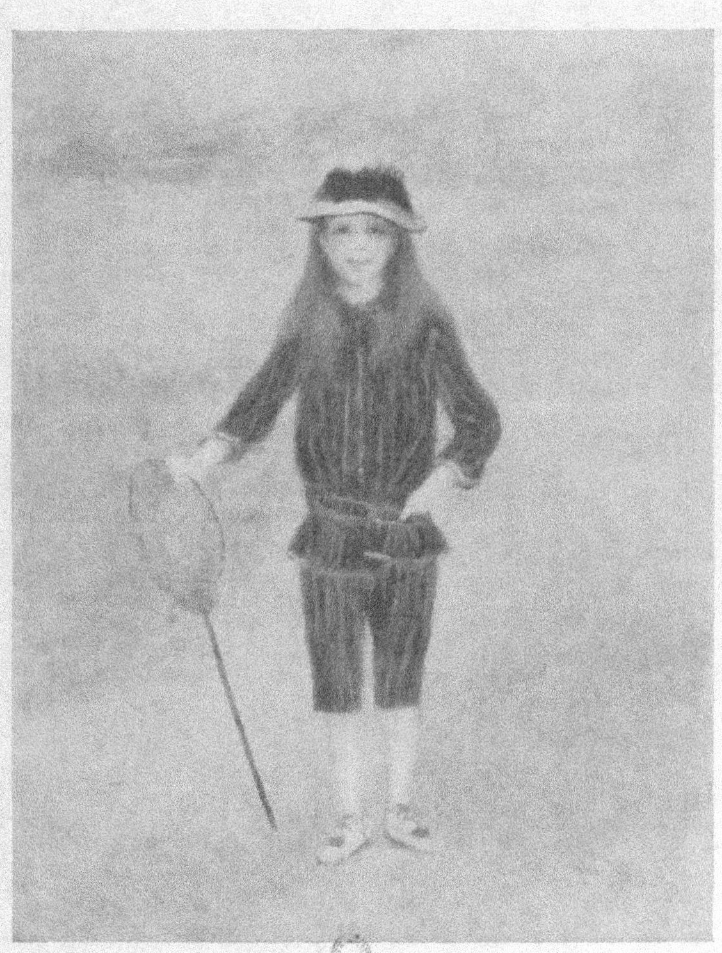

RENOIR. — Petite Pêcheuse.

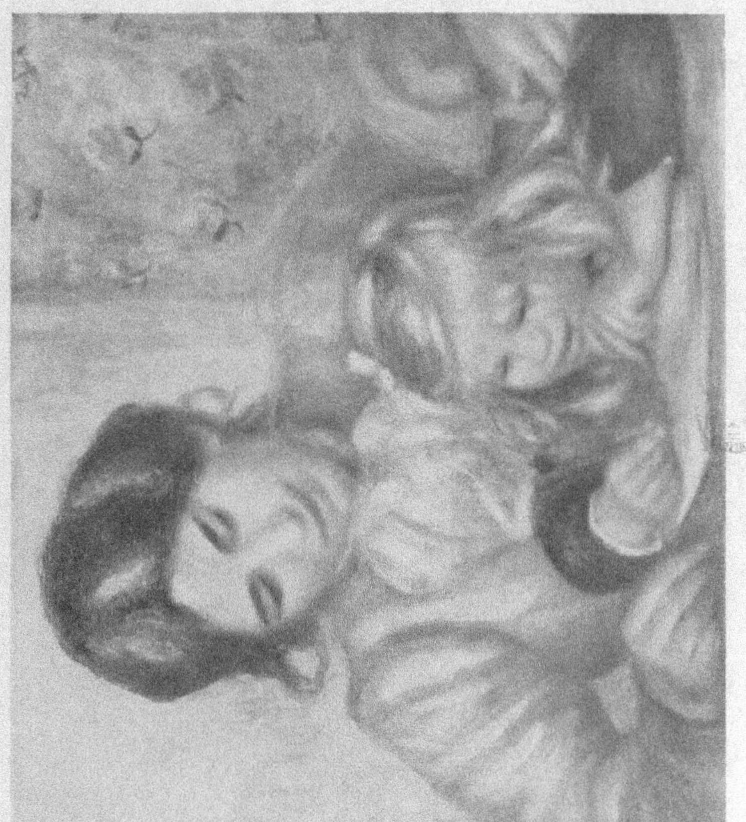

RENOIR. — LA LEÇON D'ÉCRITURE.

VIII

LA MAGIE DE RENOIR

RENOIR est une des grâces de l'art français. Comme Watteau, comme Fragonard, comme Boucher à qui on l'a comparé souvent quoiqu'il ne leur ressemble en aucune manière, pas plus qu'ils ne se ressemblent entre eux et qu'ils ne se ressemblent à eux-mêmes, il est multiple, ravissant et inexplicable. Fragonard a pu peindre *Corésus* et d'autre part la petite *Nymphe endormie* de la collection Lacaze et se montre ainsi lui-même et dissemblable. Le *Gille* de Watteau est d'une autre veine que l'*Embarquement pour Cythère*. Le Boucher de ce bijou qu'est le petit *Bain de Diane* est aussi celui des deux sublimes décorations de la collection Richard Wallace, c'est-à-dire quelqu'un d'égal et de différent et qu'on ne peut jamais méconnaître. Comme la visiteuse inconnue de Verlaine, chacun d'eux et à chaque nouvelle manifestation de leur génie « n'est tout à fait le même, ni tout à fait un autre » et c'est pour cela que toute œuvre d'eux, grande ou petite, est toujours pour nous en même temps qu'une séduction, une surprise. Comment n'en serait-il pas ainsi ? C'en fut bien une pour eux ! Renoir n'a jamais su, quand il commençait une peinture importante ou une légère esquisse, comment il allait s'y prendre, ni quand il aurait terminé, pas davantage comment il s'y était pris. Ceux qui ont eu la naïveté de lui demander à ce sujet des renseignements lorsque le succès eut fini par lui venir, ont pu éprouver du moins la fine pointe de son ironie.

D'ailleurs le trait connu qui le résume le mieux, de ce point de vue, remonte à son début dans la vie et dans l'art. Il venait d'entrer à l'atelier Gleyre, et dès qu'il eut avancé sa première « académie », le pontife du lieu lui demanda en fronçant un olympien sourcil : « Cela vous amuse, jeune homme, de peindre ainsi ? — Si cela ne m'amusait pas, Monsieur, je ne le ferais pas », répondit Renoir, et il sortit.

Comme c'est cela ! Renoir s'est toujours infiniment amusé, même quand il avait du chagrin, et il s'est amusé parce qu'il se laissait toujours surprendre par l'amour. Degas nous donna un jour une autre définition qui n'est pas sans saveur. « Renoir, nous dit-il, peint comme un chat qui joue avec des pelotons de soie. »

Aussi a-t-il essayé, dans cet amusement toujours neuf, de toutes les manières, de tous les procédés et il en a inventé quelques-uns. Il a traité tous les sujets, sauf les ennuyeux, et nul ne s'est plus confié à la nature, mais jamais quand elle était orageuse. Un jour j'assistai à une curieuse conversation. Un quidam s'était engagé dans une tirade grandiloquente, où il exaltait la « puissance », l' « énergie » vantait même « la belle brutalité ». Enfin il terminait sur une expression de dédain à l'adresse de la peinture « agréable ».

Renoir, clignant son petit œil, intervint ainsi : « Agréable ? Mais c'est ce qu'il y a de plus difficile dans notre art. C'est moi qui souhaiterais bien l'être, agréable ! Si l'on m'avait donné à peindre une bataille j'aurais sans le faire exprès peint les combattants couverts de fleurs ! »

Ce constant renouvellement de son plaisir, cet abandon sans programme, cette passion tendre qui jamais ne s'éteignit, mais qu'il garda jusque dans l'extrême vieillesse et qui, même dans les maux, même les doigts tordus et les bras presque immobilisés, le fit jeter sur la toile les fleurs qu'il fut mieux inspiré que de les gaspiller aux gens de guerre, tout ce sentiment, toute cette joie inimaginable encore plus pour ceux qui ont connu Renoir, que pour ceux qui se contentent d'en goûter le charme, font que dans les plus diverses apparences et manières il est le plus séduisant des maîtres de son époque.

Séduction mêlée de volupté et de chasteté à la fois. Il a trouvé souvent le moyen de les allier sans effort. Dans sa première manière — la première de ses innombrables manières — il a produit les nus les plus fins, les plus suavement incisifs qui soient : par exemple celui qui avait appartenu à Emmanuel Chabrier. Puis au début de la seconde moitié de sa vie, lorsqu'il s'éjouit de peindre des demoiselles plantureuses, celle qui ouvrit la marche fut pour lui un triomphe dont il ne devait plus se lasser.

Sa curiosité des procédés picturaux était des plus étendues et il les essaya très divers, mais toujours par instinct, et jamais en vertu de quelque théorie ou de quelque didactisme. Si on cherche à les ramener à un petit nombre, c'est d'abord principalement la façon lisse, minutieuse, mais d'une finesse de pâte qui tient de la soie, de la nacre, de tout ce que l'on voudra de précieux dans la matière ; puis c'est, au contraire, par de robustes empâtements qu'il traitera, par exemple, la *Dormeuse* de la collection Durand-Ruel avec son chat sur les genoux. La facture sera énergique avec les *Pêcheuses* de la même collection ; d'une légèreté qui effleure la toile dans ses divertissements, les esquisses où il jette soit isolées, soit souvent pêle-mêle, des attitudes de fillettes ou de jeunes filles ; très franche et assez nourrie dans les maternités ou dans les amusements de ses enfants ; émaillée comme une porcelaine d'Orient avec les *Baigneuses* de la collection Jacques-Émile Blanche ; et tissée comme une tapisserie dans les paysages où l'on retrouve toujours le chat retombant sur ses pattes après avoir embrouillé miraculeusement tous les fils, c'est-à-dire toutes les touches multicolores.

Même variété dans les sujets, portraits, natures mortes, fleurs ; nus de chevalet, avec quelques nus aussi à fins de décoration ; ébats de jeunes filles dans des jardins, ou conversations, études et jeux à l'appartement. Mais à quoi bon pousser ce recensement quand le détail, impossible d'ailleurs à rassembler, car sa production fut incessante, ferait un gros catalogue ? Il suffit d'avoir attrapé au passage quelques points d'une courbe si brillante, puisqu'aussi bien nous allons les retrouver en de beaux et significatifs exemples dans la collection Canonne.

Justement avec la *Bergère* tenant en longe une vache et une brebis, en voici un merveilleux dans la manière minutieuse et émaillée. Renoir, avant de venir à Paris avait fait un apprentissage de peintre sur porcelaine dans sa ville natale de Limoges. Il en avait pris toutes les possibilités de précieuse et rare exécution, mais il les avait fait servir, toujours sans s'en apercevoir, à exprimer son originalité propre, qui n'avait rien de commun avec la production de ses compatriotes, mais qui, cependant, pourrait se rattacher, par sa subtilité et sa vivante grâce, à celle des peintres en émail du XVIᵉ siècle. La charmante scène naturaliste dont il s'agit ici, est d'une vivacité de couleur des plus rares. L'exécution à la fois subtile et opiniâtre, est unique. Même quand il s'imposait ainsi comme une espèce de pensum, il s'amusait, on le voit, comme Gleyre, qui le lui reprochait, ne s'est jamais amusé. Rien de plus candide que cette petite paysanne. Les animaux tirent si bien sur leur corde que le peintre a conservé du mouvement à travers ce qui chez un Ingriste serait l'immobilité. La prairie peinte en petites touches, justifie ce que disait Huysmans en 1882 : « Epris des mirages de la lumière, de ces vapeurs d'or qui pétillent, en tremblant, dans un rayon de jour, il est parvenu, malgré la pauvreté de nos ingrédients chimiques, à les fixer », ce qui est plus près encore de la vérité que cet autre jugement du même écrivain à propos d'un Salon de 1879 : « C'est d'un faire un peu mince et tricoté, papillotant dans les accessoires ; mais c'est habilement exécuté, et puis c'est osé ! » Nous savons déjà, ce que ne pouvait connaître le grand écrivain, que Renoir était en effet comme cela, mais qu'il était aussi autrement et en même temps. Enfin, cette *Bergère* est un objet rare dans l'œuvre, et une séduction en soi, car rien n'est d'une plus sonore résonance que ces accords si vifs, si tranchés sur le fond bigarré de l'herbage continué par les moissons dorées et aboutissant à ce bout de mer bleue et à ce ciel de saphir volatilisé.

Comme exemples d'une autre manière, celle qui est intermédiaire entre cette opiniâtreté et la liberté de plus en plus expansive, deux adorables études de jeunes filles, — j'entends par études le caractère instinctivement psychologique à la fois du modèle et du peintre. L'une est en ovale et décrit une jeune fille qui peigne ses grands et épais cheveux blonds ; elle a une mine grave et futée en même temps,

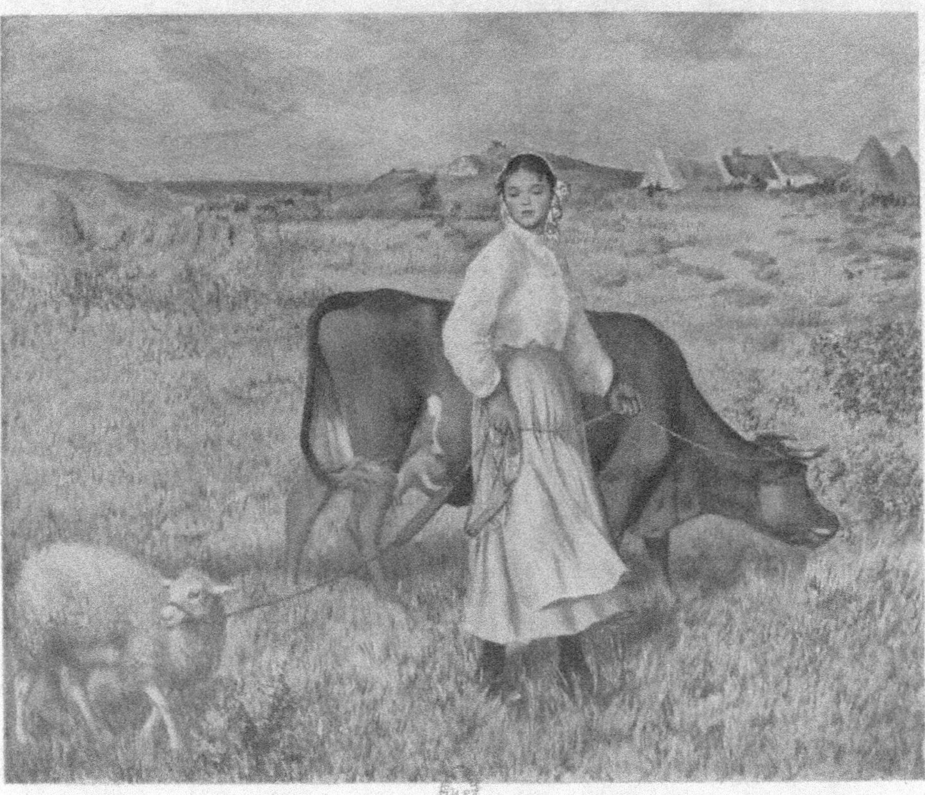

RENOIR. LA BERGÈRE.

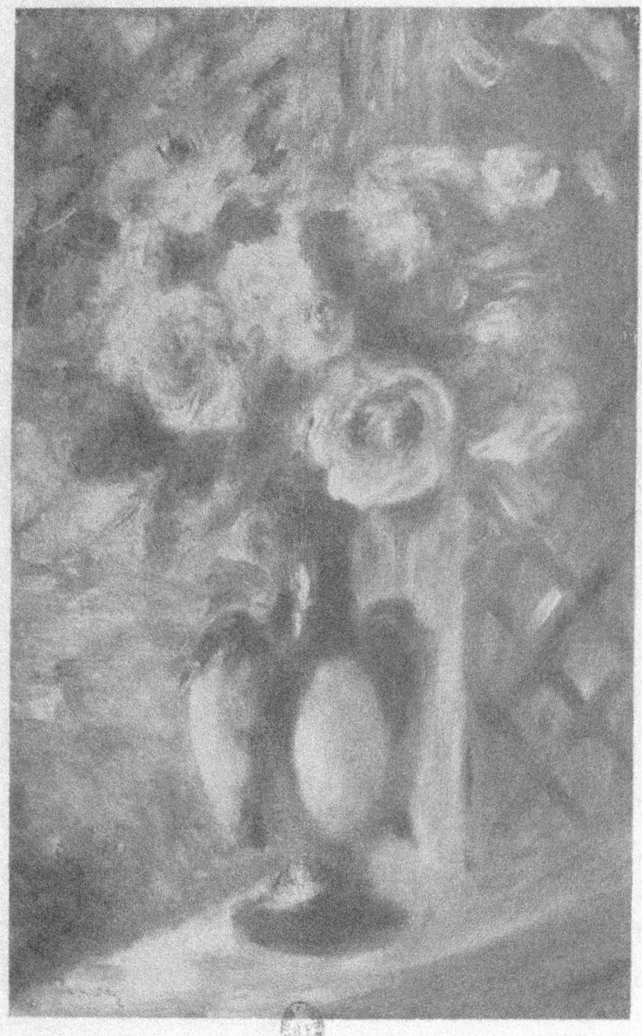

RENOIR. LES ROSES.

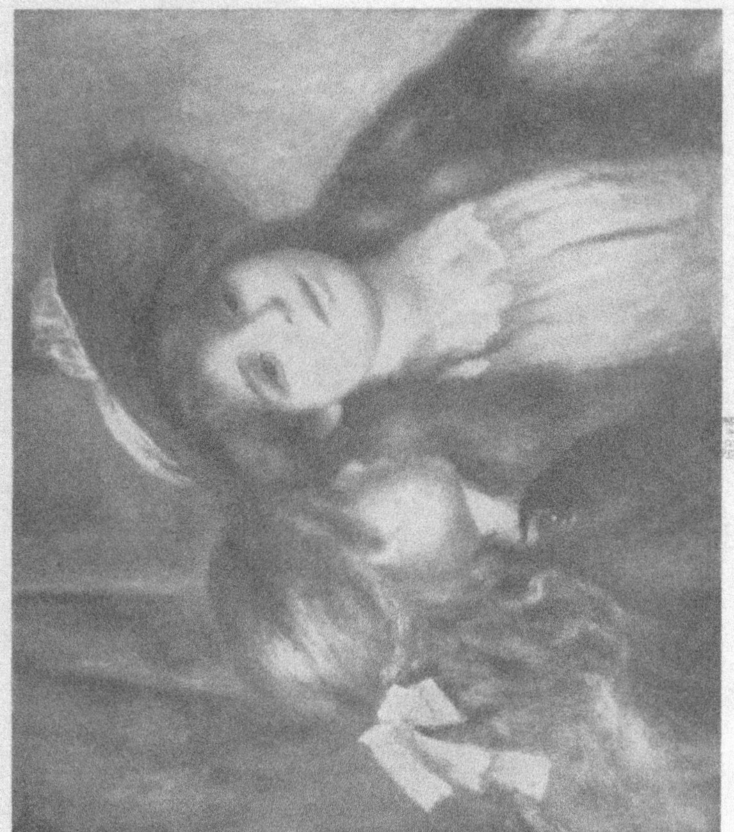

RENOIR. — Fillettes.

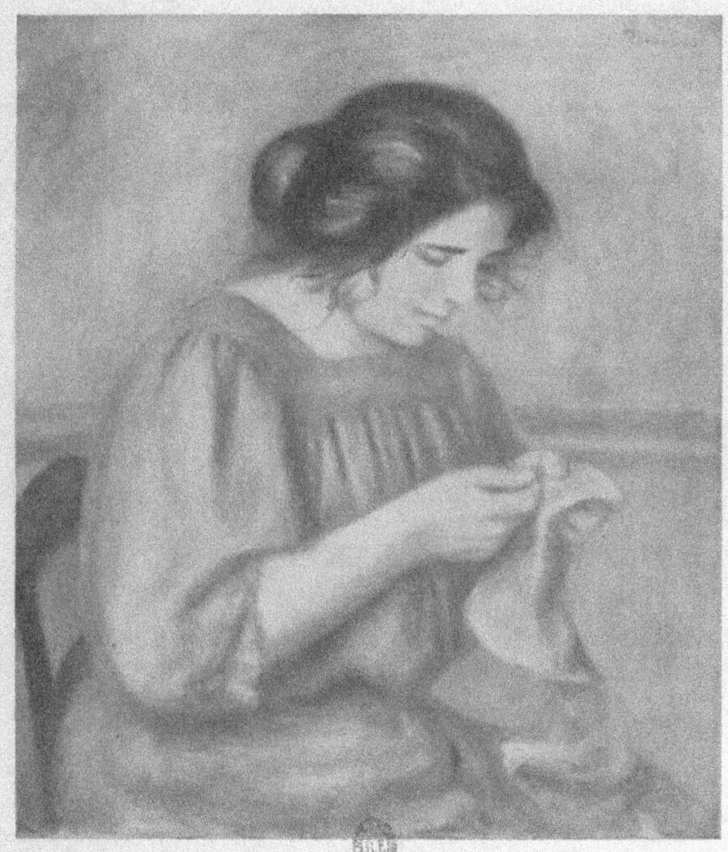

RENOIR. — GABRIELLE REPRISANT.

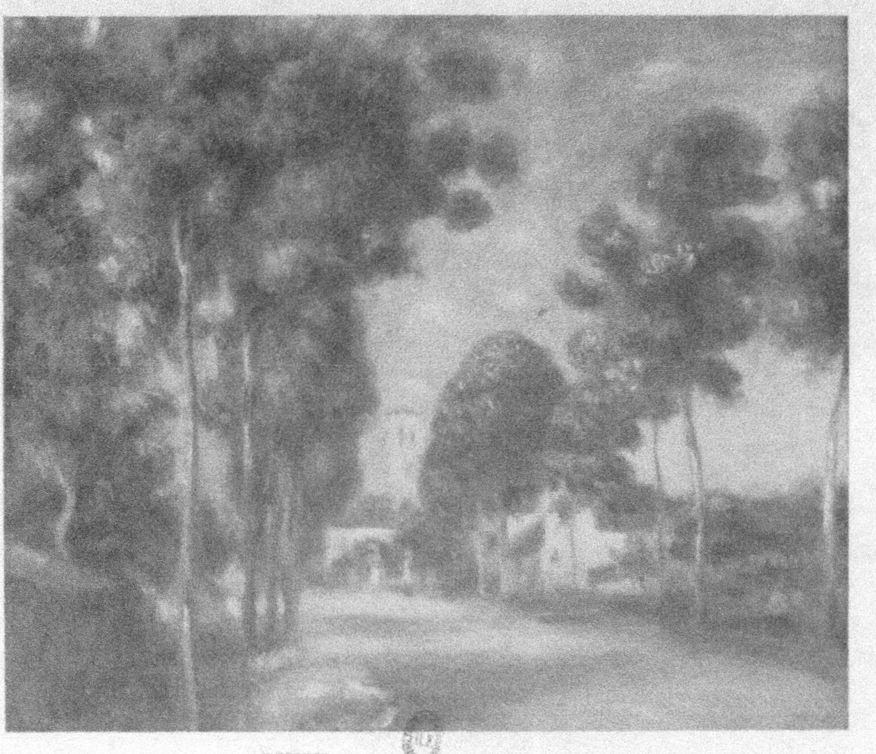

RENOIR. — ENTRÉE DU VILLAGE D'ESSOYES.

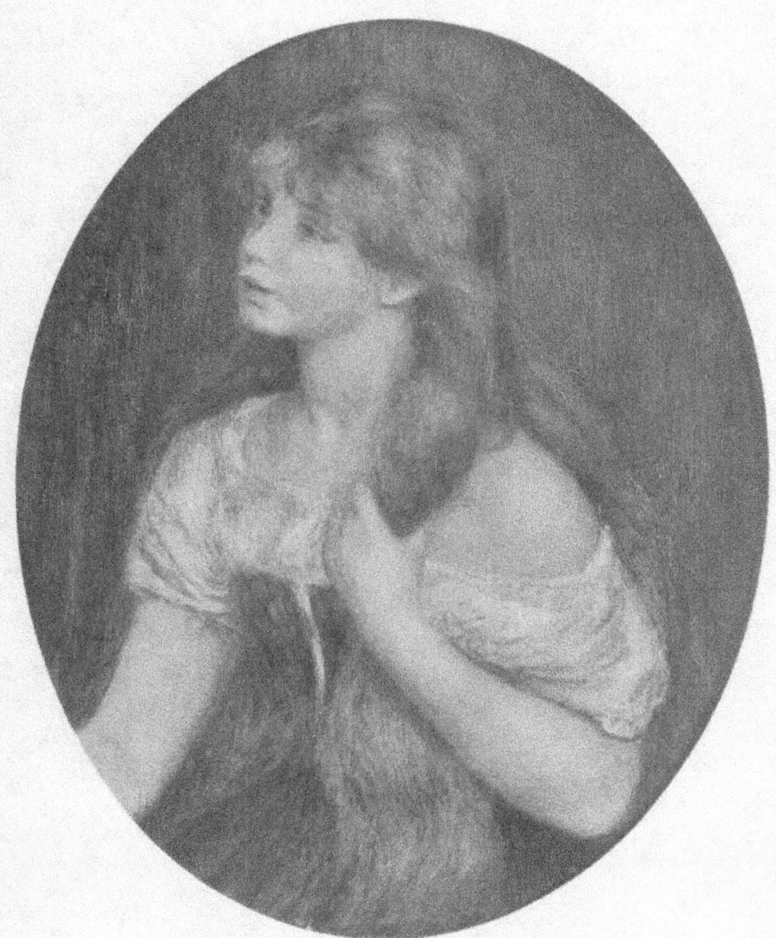

RENOIR. — Jeune fille se peignant.

une carnation de fleur délicate. Un bout d'épaule exprime tout ce qu'il disait en termes amusants et vifs, du plaisir qu'il avait à peindre ce que Villon, plus poétiquement pour une fois, appelle le

> Corps féminin qui tant est tendre,
> Poli, souef et gratieux.

L'autre n'est pas moins forte comme facture, avec quelque chose de plus sévère s'il est possible d'employer ce mot réfrigérant. En corset noir, que dépasse la chemise blanche laissant les épaules découvertes, cette jolie fille aux cheveux châtains dénoués, est accoudée, et vue presque de trois quarts en profil perdu se détachant sur un fond rouge. C'est un bien beau et savoureux morceau.

Il n'y aurait plus d'intérêt après avoir ainsi indiqué la place de ces trois échantillons exquis des époques plus lointaines, à chercher à déterminer une rigoureuse chronologie de tout ce que la collection Canonne a recueilli — cueilli plutôt — en tous les genres parmi ce qui s'est échappé de ce pinceau ensorcelant, de cette âme amoureuse. On ne songe pas à dresser la chronologie des fleurs qui se pressent dans un bouquet, ou bien à faire des classifications par âges dans un essaim de papillons. Au surplus, Renoir qui a signé à peu près tout ce qu'il peignait, non par orgueil, car il n'y eut pas homme plus inquiet et plus joyeux à la fois, mais simplement comme pour se dire « ça y est » après la séance bien remplie, a souvent négligé de dater ses œuvres, principalement après les années 90, sauf, naturellement, les très importantes. Aimons donc comme elles se présentent toutes les riantes apparitions et réapparitions de cette unique et multiple fille des rêves de Renoir. On ne sait ce qu'il aima le plus, ou des prétextes, ou de la félicité d'avoir à les transcrire par *sa* couleur et non pas, comme le peintre ordinaire cherche à le faire, par *leur* couleur. Les esprits bornés se plaignent de ce que Renoir redit sans cesse la même jeune fille. D'abord elle n'est la même, en réalité, dans aucune des peintures grandes ou petites. C'est Renoir qui est toujours le même et dans le même ravissement, et cela suffit pour distinguer toutes ces variations par des nuances légères, — et capitales. L'on peut en rencontrer une isolée, brillant au milieu des œuvres les plus différentes des plus différents maîtres, de ces fraîches créatures aux bouches rouges — Lautrec disait : « Renoir a inventé la bouche féminine » et Renoir aurait pu dire : « J'ai inventé encore bien d'autres choses, » — aux nappes de cheveux de lin ou d'auburn, ou bien on peut les voir ici en réunion surprenante, dans la collection Canonne, et à moins d'être dépourvu de toute vraie sensibilité artistique, sans se lasser d'aller de l'une à l'autre. Est-il meilleure preuve de cette profonde loi que les grands peintres, comme les grands musiciens vivent, ressentent et œuvrent sur un nombre restreint de thèmes et d'accords, qui les rendent toujours reconnaissables entre tous, nous avertissent dès la première note ou dès la première touche, de la présence de leur génie, et dont ils ont tiré chaque fois de quoi remplir toute notre pensée comme cela avait rempli la leur ?

Voici, par exemple, des choses assez rapprochées. Une jeune fille endormie, vue à mi-corps, coiffée d'un chapeau de paille garni d'un ruban bleu, et cravatée également de ce bleu clair, qui tranche tendrement sur le rose pâle du corsage, accord des plus hardis, et qui triomphe par la délicatesse. Comme elle dort bien, et comme l'on perçoit sa respiration légère ! Puis un duo charmant d'expression et d'harmonie : une des jeunes filles, la plus jeune, presque encore une enfant, a ses cheveux blonds retenus par un nœud encore de ce clair rose de rose, lève les yeux vers l'autre, du chapeau de laquelle descend sur les épaules une belle nappe de cheveux châtains. Quelle passionnante futilité les anime ? De quel rien s'entretiennent-elles si gravement ?

Autres variations typiques sur un autre accord, non plus en rose et blond mais en rouge et noir. Cette fois le personnage a son histoire, son histoire aimable et sérieuse. C'est *Gabrielle*, la belle paysanne champenoise qui éleva les enfants du peintre. Un caractère, en vérité ; d'une grande beauté rustique, française ; sérieuse oui, mais non pas sombre ; simple dans la nature et dans la vie, attentive sans hâte, parlant peu, mais judicieusement ; aimant sa tâche de soin et de surveillance de ces jeunes êtres qu'elle vit devenir des hommes ; posant avec la même gravité devant Renoir, seule dans quelque occupation

de couture, ou groupée avec un de « ses enfants » : comme disent dans
une expression traditionnelle et naturelle, les bonnes servantes ;
couronnée enfin de magnifiques cheveux noirs dont certainement
elle n'aurait pas fait le sacrifice à la mode, — tel fut ce modèle qui a
suffi à fournir un des cycles considérables dans l'œuvre. Cette belle
fille, auxiliaire dévouée de Madame Renoir, serait facilement le sujet
d'un livre composé uniquement de choses simples, aussi grises que
la couleur de son teint, de sa chevelure et de ses blouses est éclatante,
et qui seraient l'amplification des vers de Verlaine :

> *La vie humble aux travaux ennuyeux et faciles*
> *est une œuvre de choix qui veut beaucoup d'amour.*

Tel est du moins le sentiment qui se dégage de ces deux peintures,
comme de toutes les autres « Gabrielles » : la *Couseuse*, et la *Leçon
d'écriture*, toutes deux en blouse rouge vif, toutes deux aussi con-
centrées dans leur occupation, que les jeunes gamines claires sont
évaporées dans leur sérieux qui nous donne à sourire. La *Leçon* est
particulièrement forte de qualité et d'expression. Avec quelle attention imperceptiblement amusée l'institutrice improvisée suit-elle
l'application du garçonnet blondinet, enrubanné comme une fille,
à tracer... des bâtons sans doute ! Comme richesse d'harmonie, comme
naturel, comme combinaison de volumes, indépendamment de la
forte et tendre expression d'intimité, c'est un des beaux spécimens
de cette suite répartie sur plusieurs années.

La collection est riche en pages légères de figures à une petite
échelle, précieuses et importantes bagatelles où Renoir se retrouve
toujours tout entier, impulsion de sentiment et éclosion d'effusion
colorée. Inscrivons-les sans avoir la témérité, bien inutile d'ailleurs,
de les décrire. Un colloque vaporeux de deux fillettes debout dans un
jardin, l'une décoiffée, blonde, en blanc, l'autre en rose et coiffée.
Œuvre pénétrante, dans cette exécution complexe, frôlée, où tout
s'embrouille et s'accorde inexplicablement, à laquelle Renoir revenait
fréquemment, et qui fait participer les personnages à une sorte de vie
atmosphérique inimitable dont il fut le récepteur et le transcripteur ;

— avec cela, — toujours l'inépuisable dialogue frais et puéril de ces petites âmes élémentaires qu'il s'est si bien amusé à résumer. De format moindre, et délicieux également, un tableautin d'une charmante femme d'été prenant de l'eau à la fontaine ancienne dans un coin herbeux et feuillu de quelque parc ; l'on ne voit point son visage ; la personne même n'est qu'une apparition que l'on craindrait de voir s'évanouir, fantôme de plein jour, si on souhaitait qu'elle se retournât ; mais elle laisse dans notre souvenir la trace irisée de son passage.

Diversions incessantes. Une jeune fille en costume espagnol pailleté d'or, assise à rebours sur un fauteuil et s'accoudant sur son dossier ; cela se détachant sur le fond d'un rideau bleu sombre ; intensité dans la modicité. Toute une éclosion de mignonnes notations de riants badinages : une tête de jeune fille blonde ; une petite liseuse rouge assise dans l'herbe ; une autre en robe rouge aussi, se baissant pour ramasser une balle de croquet ; une petite brune assise, qui ne fait rien ; et certainement j'en oublie qui ne le méritent pourtant point. Mais elles vont céder le tour à divers petites peintures de nu qui vont faire le prélude de tout un autre groupe de ces études de la femme en soi, et je ne résiste pas à la détestable mais expressive tentation d'écrire aussi de la femme en soie, qui fut un des plus constants bonheurs de peindre pour Renoir.

Tantôt caressés du bout du pinceau, et couvrant à peine la toile, tantôt au contraire d'un travail très nourri, tous ces morceaux seraient, si l'on voulait les analyser, finement distincts par la nuance d'un moment, l'écart d'une ligne, le léger déplacement du corps dans presque la même attitude. On prouverait ainsi à ceux qui disent, béotiennement, que « toutes se ressemblent » qu'au contraire ces pages sont d'une diversité infinie, et qu'elles ne se répètent jamais tout en se répliquant toujours. A la rigueur peut-on les classer par poses, les assises, les couchées, ce qui du reste, prêterait à rire et n'avancerait à rien pour nous, qui ne faisons pas besogne d'inventaire, mais voyage d'exaltés, comme c'est la raison d'être et la vraie mesure de toute évasion de la vie vers les mirages de l'art. L'on doit avant tout comprendre que Renoir, en peignant ses nus, ne s'est pas plus proposé une abstraction académique qu'il ne s'est astreint à une copie de la nature. L'un lui était aussi impossible que l'autre. Corriger la réalité, quelle présomption ! La subir, quelle servitude ! Pédantisme d'un côté, passivité de l'autre, et des deux l'ennui. Artiste subjectif entre tous, l'objet n'est pour lui qu'un prétexte incessamment renouvelé à satisfaire son avidité de modeler des formes souples et à moduler des tons fleuris. Sans le vouloir, ni s'y refuser, il ne garde que quelques particularités qui peuvent parfois faire reconnaître le modèle. Dans ses premiers portraits, il y avait peut-être trois quarts du portraituré et un quart de Renoir ; plus tard il n'y eut plus que moitié de chacun. Vers la fin c'est tout au plus s'il demeurait le suffisant dixième du sujet. C'est la belle fatalité des tempéraments où dominent la sensibilité et le privilège, ou la fatalité, du don d'assimilation porté à sa suprême puissance. Heureuse fatalité puisque c'est elle qui constitue l'originalité, la marque même des artistes exceptionnels.

Avant tout celui-ci ne se complaisait qu'à laisser son pinceau caresser des rondeurs, qu'à puiser dans sa palette tous les éléments improvisés, symphoniques, des carnations plongées dans un embrouillement de paysages printaniers. De plus en plus il se grisa de ces élasticités et de ces accords. Les formes prirent de plus en plus de ce que Hogarth considérait comme la ligne de beauté, c'est-à-dire la ligne courbe, et cette courbe de plus en plus remplie, et l'on peut dire sans être soupçonné d'avoir voulu faire une médiocre plaisanterie que s'il y eut jamais un maître naturellement l'opposé du cubiste, ce fut bien lui. A la fin de sa vie il atteignit à une sorte de lyrisme de la rotondité, en même temps que s'exaspérait, comme il arrive par une affection commune à la plupart des peintres très âgés, l'involontaire prédominance des rouges.

Les nus que contient la collection au nombre de deux ou trois de petite dimension, et de deux plus importants, seulement de demi-grandeur nature et d'une exécution très poussée, évitent les curieuses exagérations de la dernière époque, mais ont substitué une qualité joyeuse et vermeille aux finesses exquises des œuvres de la toute première. Le plus important est représenté paresseusement couché dans un paysage estival. C'est un morceau d'une riche qualité et d'une volupté rustique très curieuse, — et d'ailleurs entièrement inventé

quoiqu'en présence du modèle. Les nus de petite dimension possè-
dent cette légèreté, cette aisance, cette fleur d'exécution que Renoir
a semée au vent, pour ainsi dire, avec une prodigalité sans pareille.

Il est, dans la collection, un spécimen d'une série très à part, et
qui vaut la peine d'être remarqué et expliqué. Renoir avait reçu
d'un amateur la demande d'une décoration. Le nu, presque fatalement
devait venir à son esprit comme le principe générateur de cet ouvrage.
Il en exécuta donc toute une suite, qui s'arrangeait de la façon la plus
subtile, la plus vaporeuse, dans les tons les plus finement évanescents ;
dessus de portes, panneaux en hauteur, le tout de dimensions modérées.
J'ignore si la décoration fut placée à sa destination, car rien n'est plus
difficile que de suivre les œuvres de Renoir à travers le monde. Mais
j'assistai à la plus grande partie de l'élaboration qui comporta un assez
grand nombre de recherches et de recommencements, et je puis donner
à leur sujet un curieux et inédit renseignement. A ce moment Renoir
alla beaucoup au Louvre pour consulter les peintures antiques gréco-
romaines dont nous n'avons l'heur de posséder que quelques frag-
ments. Mais ceux-ci suffisaient à exciter son imagination, et c'est avec
un véritable ravissement qu'il m'en faisait admirer la sobriété, et
l'élégance d'une discrétion merveilleuse. On retrouve le témoignage
de cet enthousiasme dans un des panneaux en hauteur qui donne
ici l'idée pleine de charme, et aussi le regret, de ce qu'aurait été
Renoir comme décorateur, si l'Etat s'était avisé alors que les Gobelins
étaient faits pour répéter l'expérience des Boucher et des Fragonard, avec leurs véritables successeurs. Rien de plus noble que ces
deux figures naturellement juxtaposées, pilastres vivants, à la fois
apparitions et tentations, combinant dans leurs couleurs spirituellement effacées et frôlées, la simple grâce antique, la volupté du
XVIIIe siècle et la fine sensualité de Renoir.

Nous avons à peu près discerné dans la collection Canonne tout
ce qui fait le secret de la magie de ce maître d'une nature et d'une
séduction sans rivale. Il reste seulement à noter trois ouvrages qui ne
rentraient pas immédiatement dans le cours de notre classification, et
qui ne sont pas d'un moindre charme.

Un portrait d'une petite fille, en costume de pêcheuse, riant de tout son cœur, les cheveux tombant sur les épaules de dessous son chapeau de paille. Elle tient une épuisette avec une gaucherie joliment enfantine. Déjà d'une époque assez ancienne, c'est vraiment un portrait dont il s'est appliqué à préciser la ressemblance, et en même temps un type d'âge des plus délicats. La petite personne se détache avec netteté sur un fond indéterminé de ciel, de plage et d'océan. C'est un rien, mais si précieux !

Les deux autres sont des paysages. Lorsque certaines expositions relativement récentes révélèrent ces paysages, des environs de Paris ou du Midi, alors assez peu connus, ce fut une vive et attrayante surprise. C'est de ces peintures-là que l'on pouvait dire la facture impossible à analyser, et la transposition de nature un des plus piquants phénomènes de la peinture. Tous les deux sont de parfaits, brillants et insinuants exemples du genre. L'un est une rue toute sonore de lumière et de verdure, avec une église au fond. C'est l'*Entrée du village d'Essoyes* qui fut un de ses plus chers séjours. L'autre est une vue buissonnière et touffue et fleurie du Midi, avec un grand arbre sous lequel se tiennent des jeunes filles en toilettes claires et chapeaux de paille. Peu de paysages modernes donnent mieux l'impression du bon soleil d'été et de sa bienfaisante associée et rivale, l'ombre fraîche.

Ainsi de toutes ces choses indéfinissables se compose le naturel génie de l'indéfinissable Renoir. Et rien ne pouvait lui plaire et le récompenser mieux, que de se sentir, après de longs dénis de justice, compris, aimé, — et défendu contre l'analyse des esthéticiens patentés par la contagion de l'amour et l'attrait de l'inexplicable.

IX

DU NÉO-IMPRESSIONNISME
ET DE SIGNAC ET CROSS

L'ANNÉE 1884 marque une période assez curieuse, et non sans importance dans l'histoire que la collection Canonne nous permet de retracer.

A vrai dire, il n'existe pas dans les évolutions artistiques, comme dans une féerie, de changement à vue sur un signal donné. Toujours les formes vieillissantes se prolongent et les formes nouvelles se sont annoncées depuis plus ou moins longtemps. L'on voit même souvent ceux qui sont opposés à des tendances et à des recherches nouvelles leur faire de tardives et inutiles concessions, et ceux de qui l'arrivée déterminera les renouvellements puiser leurs forces chez des devanciers dont ils différeront. Ainsi un Bastien-Lepage obtient par un réalisme factice un succès éphémère alors qu'on refusait toute justice à Courbet. Et, d'autre part, un Claude Monet jaillira d'un culte pour Corot et des encouragements d'Eugène Boudin. De même pour Sisley.

Toutefois, à ces époques indécises, se produisent un certain nombre de faits dont la simultanéité ne saurait passer inaperçue, et que l'on peut après coup grouper autour de certaines dates, de certaines œuvres, et de certains hommes, ainsi qu'on le fait, par exemple pour 1823, la *Barque de Dante* et Eugène Delacroix.

En 1884, Monet vient de partir pour Bordighera, et ce voyage ne sera pas sans contribuer à l'éclaircissement de sa palette.

Renoir, de son côté, vient de se soumettre volontairement à des disciplines nouvelles, et il a cherché à se préserver des inconvénients de la liberté et de la facilité. Il veut atteindre la plus grande vivacité de couleur dans la plus grande rigueur du dessin, et c'est cette même année 1884 qu'il exécute cette œuvre capitale dans sa carrière : les *Enfants de M. Bérard*, peinture dont la dureté si expressive s'assouplira, et complètement se *renoirisera* avec les *Baigneuses*.

Ainsi l'impressionnisme existe au moins depuis dix ans et se manifeste avec une puissance bientôt irrésistible, mais si l'on peut dire, il fait encore sa mue.

Il ne s'est pas encore accompli, malgré tous les résultats qu'aujourd'hui nous admirons en les discernant à leurs places relatives. Mais ces résultats sont désormais — et c'est en cela que le moment se caractérise — si brillants et si décisifs, qu'ils sont déjà une excitation, pour des générations suivantes, à chercher autre chose ! Les grands impressionnistes sont encore combattus avec un acharnement qui retombe aujourd'hui sur leurs adversaires. Ils ont connu toutes les incompréhensions et toutes les risées ; mais ils ont désormais des défenseurs qui prendront leur part des mauvais traitements mais qui leur gagneront du terrain. En même temps, toutefois, par leur exemple, non par leur imitation, de jeunes peintres étaient induits à tirer, en les dérivant, des applications différentes, des acquisitions « impressionnistes » dans l'interprétation de la lumière.

C'est alors, ce qui achève de faire de 1884 une date significative, qu'a lieu la première exposition du Groupe des Artistes Indépendants aux baraquements élevés sur l'emplacement du Palais des Tuileries détruit treize ans auparavant. Seurat et Signac s'y rencontraient.

M. Maurice Denis a excellemment résumé ces circonstances et l'on ne saurait mieux faire que de le citer. « A cette époque, dit-il, et dans ce milieu, tout fermentait, tout était mis en question, tout se renouvelait. ...Autour des Impressionnistes qui évoluaient vers un art plus généralisateur, autour de Claude Monet, de Pissarro, et de notre grand initiateur Cézanne, le petit groupe des *néo-impressionnistes* commençait de manifester. Seurat en était le fondateur, l'apôtre. Signac apportait au jeune mouvement la puissance d'un esprit précis et d'une volonté vigoureuse... Retenons seulement que si le but était de donner à la couleur toute sa force par les contrastes de ton et de teinte, le moyen était le *mélange optique*, c'est-à-dire la recomposition, sur la rétine, des tons, par le groupement des éléments multiples qui en donnent la sensation au lieu de procurer cette sensation par une synthèse de ces éléments fondus en larges et approximatifs pigments. « Nulle théorie ne fut plus discutée » ajoute M. Maurice Denis. Nous ne la discuterons plus ici, ne nous proposant que de tracer à grands traits une évolution, d'apprécier des talents et des œuvres, et d'en suivre l'enchaînement et les répercussions jusqu'au moment présent.

Seurat et Signac ne se connaissaient pas lorsqu'ils se rencontrèrent, mais l'esprit théorique du premier, pratiquement scientifique du second, les avaient amenés à fonder leurs recherches sur un principe commun, celui de Chevreul : *le Contraste simultané des couleurs*. La différence des tempéraments aboutit à des applications différentes. Seurat employait, pour son « mélange optique » des couleurs mixtes, et procédait par les touches les plus petites possibles matériellement. Signac, au contraire, prenait ses éléments séparés parmi les tons purs de la palette à peu près exclusivement et devait adopter une touche de plus en plus large. Aujourd'hui, par suite, les œuvres peu nombreuses que la courte carrière de Seurat lui permit d'accomplir, paraissent d'une suavité de crépuscule clair, tandis que celles de Signac demeurent d'un éclat flamboyant. Un autre artiste, qui devait ne se rallier que plus tard au néo-impressionnisme était Henri-Edmond Cross.

Cross et Paul Signac demeurèrent après lui les seuls maîtres vraiment éminents du divisionnisme intégral, de ce qu'on a appelé un peu en dérision le pointillisme, terme inexact, puisque la touche reste, chez les divers adeptes de la doctrine, variée conformément à leur vision et nature particulières, tantôt minutieuse et serrée, tantôt vigoureuse et nettement isolée. Mais le recours aux nouveaux procédés ne se limita pas à ces deux seules personnalités. Un appui d'importance leur devait venir pour un temps du grand peintre Camille Pissarro. Celui-ci, toujours, séduit par l'acquisition possible de ressources et de théories renouvelées, comme il l'avait été aux premiers temps de l'impressionnisme, s'était vivement intéressé aux essais et débuts de Seurat et de Signac. Il expérimentait à son tour et dans une très large mesure la division de la touche mais en l'assouplissant de façon à garder tout à fait complets le sentiment et même presque l'aspect de ses ouvrages accoutumés.

Il convient de dire que Signac, en formulant plus tard dans un écrit important toute la théorie du mélange optique s'appuyait non seulement sur des principes scientifiquement justes, mais encore sur une autorité encore plus auguste que celle de Pissarro, qui lui, demeurait mêlé aux polémiques entre les clans académiques toujours maîtres des situations acquises et les impressionnistes mieux défendus, mais aussi contestés que naguère. Cette autorité émanait d'Eugène Delacroix et de Constable.

Ces citations « lumineuses », on peut le dire, donnaient une force singulière aux arguments de Paul Signac. Il suffit d'en choisir deux de Delacroix parmi maintes autres également probantes.

« Il est bon que les touches ne soient pas matériellement fondues. Elles se fondent naturellement à une distance voulue par la loi qui les a associées. La couleur obtient ainsi plus d'énergie et de fraîcheur ».

« Constable dit que la supériorité du vert de ses prairies tient à ce qu'il est composé d'une multitude de verts différents. Ce qui donne le défaut d'intensité et de vie à la verdure du commun des paysagistes, c'est qu'ils la font ordinairement d'une teinte uniforme. *Ce qu'il dit ici du vert des prairies peut s'appliquer à tous les autres tons* ».

Ces observations techniques dont on ne pouvait récuser la justesse, car il suffisait d'en faire l'essai pour en vérifier les effets, séduisirent d'autres bons peintres tels que Luce, Angrand, Petitjean, les Belges Van de Velde et Van Rysselberghe, et plus tard un noyau d'artistes italiens de qui l'on peut dire que Segantini avait été le Signac d'outre-monts.

Leurs œuvres se sont classées diversement et il ne nous importe plus de continuer ici l'histoire ni les ramifications de ce mouvement, d'au-

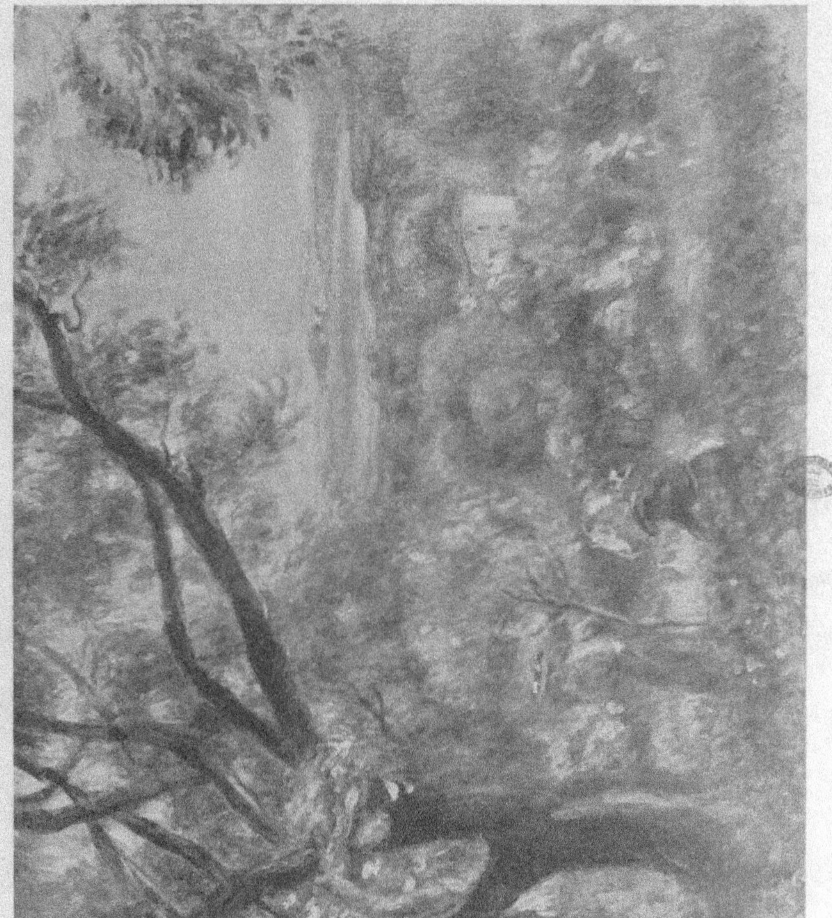

RENOIR. — PAYSAGE MÉRIDIONAL (CAGNES).

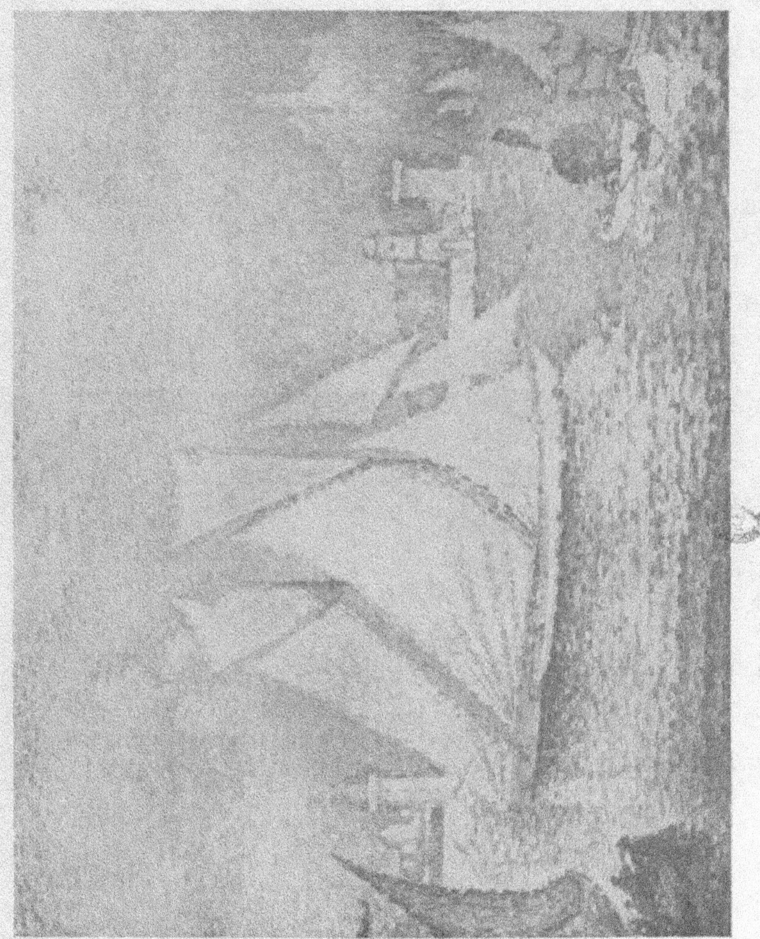

SIGNAC. — VOILIER DANS LE PORT DE MARSEILLE.

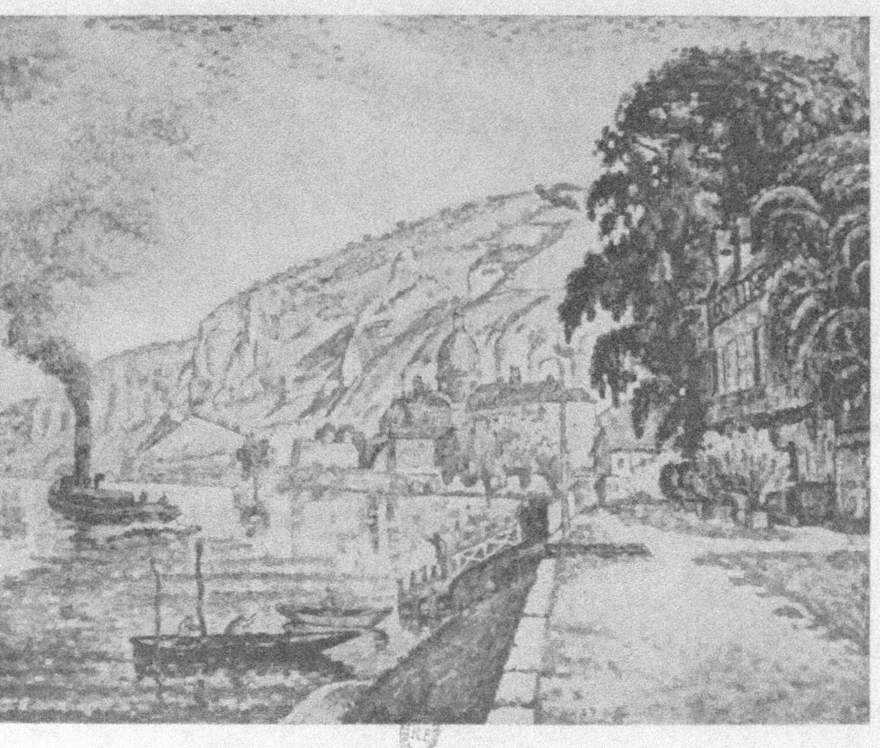

P. SIGNAC. — LES ANDELYS.

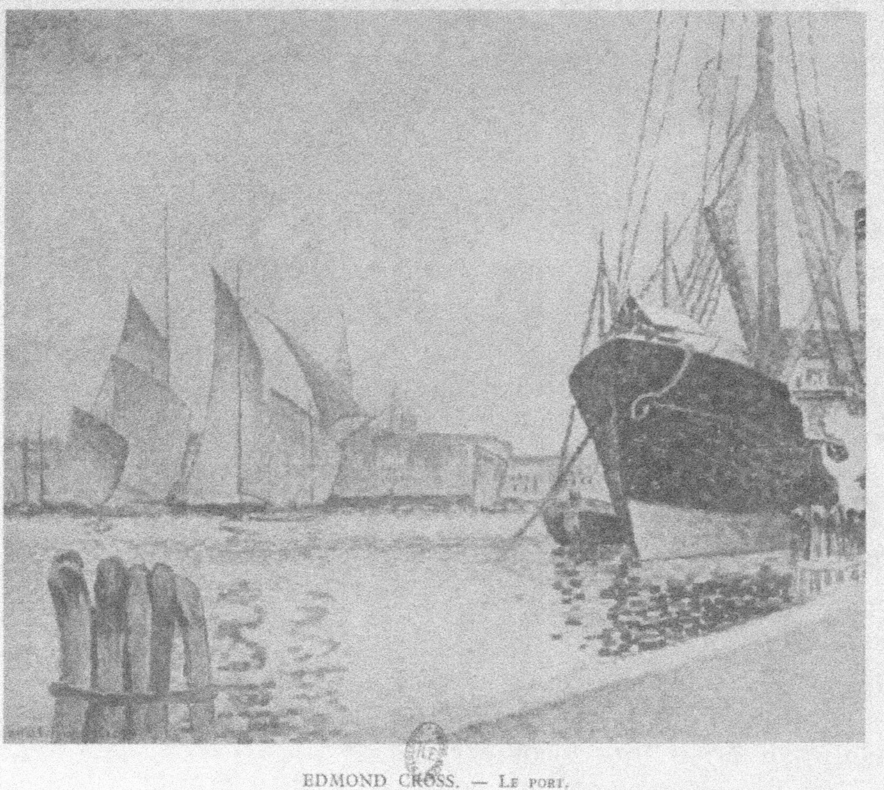

EDMOND CROSS. — Le port.

tant plus que les œuvres de Signac et de Cross qui seules ont gardé la démonstration du néo-impressionnisme dans toute sa rigueur et dans tout son éclat, sont aussi les seules qui, dans la collection Canonne, servent de trait d'union complet et suffisant entre la grande période de l'impressionnisme aujourd'hui close par la mort de Monet, et les influences directes ou détournées que cet impressionnisme lui-même et le néo-impressionnisme ont exercées sur les plus récentes générations.

Signac est puissamment représenté par au moins six grandes toiles dont voici la description sommaire.

Un paysage s'étendant au pied de hauteurs énergiquement découpées, et dont la région basse est occupée en majeure partie par un rideau d'épais et sombres peupliers, au travers desquels se distingue un viaduc assez éloigné. Rien que le groupe d'arbres montre que le procédé de ce qu'on appelait le « pointillisme », sans tenir compte de la largeur de chaque touche carrée et posée à plat sans se confondre avec les voisines, pouvait atteindre de puissance. D'autre part, le choix des éléments complémentaires employés pour reconstituer les tonalités générales et leurs modulations se prouve ici susceptible d'effets vigoureux, soutenus comme celui-ci, ou d'une grande intensité de vibration lumineuse comme dans les trois suivants, ou enfin, ainsi que nous le verrons avec Henri-Edmond Cross, de vaporeux, suaves et évanescents.

Le deuxième nous montre un grand canal dont l'eau est d'un bleu très intense et le courant semble lent et fort. Un grand bateau est amarré à gauche, un arc-en-ciel apparaît derrière la silhouette de ses hautes vergues. Une église se distingue au fond; des arbres dorés forment couronnement à droite. Par la vertu de cette « volonté vigoureuse » que lui reconnaissait Maurice Denis, Signac voyant le but et son « esprit précis » lui en fournissant les moyens, montrait qu'on peut atteindre par une construction aussi raisonnée et une exécution aussi surveillée, un véritable lyrisme. C'est par cet apparent plus que réel paradoxe, qu'il se distingue comme un peintre d'une très grande originalité.

Une côte élevée dominant une étendue d'eau et abritant une église à coupole, motif qui n'est autre qu'une vue des *Andelys*, est la troisième œuvre également remarquable par la simplicité de sa construction et la richesse de sa couleur. Le même motif a donné naissance à une autre vue prise sous un angle assez rapproché. Ici, l'église est montrée à une plus grande échelle, et l'on voit, à droite, la chaussée qui y conduit. Un petit vapeur ponctue le courant.

Les deux peintures suivantes donnent le grand premier rôle aux bateaux dont Signac avait étudié l'organisme en eux-mêmes et le mouvement dans leur vie agissante, avec une passion et une pénétration singulières. On pourrait presque dire qu'ici le paysagiste n'a pas, comme il semble, borné son effort à décrire des spectacles naturels d'où sont absents les êtres vivants, car il rend à merveille cette autre vie que l'homme imprime à ses créations. Il a donné la grandeur, la force et l'élan à des barques de toute sorte (dont, soit dit en passant, il put à un moment, combinant l'étude et le délassement, prendre la direction en vrai loup de mer).

Une de ces deux toiles nous montre deux grands voiliers appareillés, l'un de face, l'autre de profil, toutes voiles dehors et gonflées par le vent, marchant majestueusement dans le port. L'autre ne montre qu'un seul bâtiment, de la plus fière allure avec ses grandes voiles blanches (où il n'entre pas, picturalement, un atome de blanc). Ce superbe personnage, évolue dans le port de Marseille dont on voit au fond le môle, et que couronne sur une hauteur la basilique de style byzantin. La valeur bleue de l'onde est d'une somptuosité saisissante.

Ainsi ce peintre d'une si grande vigueur et d'une si intelligente rigueur a su varier ses impressions et les nôtres en demeurant constant avec lui-même depuis le début d'une déjà longue carrière. Une explication accessoire de l'ascendant qu'exercent ses peintures sur tout spectateur non prévenu et capable de comprendre chaque manifestation des talents les plus dissemblables, se trouverait dans les dessins de Signac. Jamais peintre dans le paysage moderne n'a dessiné avec plus de verve ni d'entrain. Monet, par une très curieuse exception, n'a fait que très rarement du dessin proprement dit. Sisley non plus d'ailleurs. Renoir au contraire s'y est très souvent appliqué et diverti. Signac y apporte une fougue spéciale. Ici, les rehauts légers d'aquarelle le dispensent de recourir au divisionnisme grâce à leur transparence.

Aussi le commentaire ne pouvait pas manquer de se rencontrer à côté du principal de l'œuvre. Nous voyons dans la collection plusieurs de ces beaux dessins d'un trait rapide et d'une expressive sténographie, enluminés de clairs lavis. Entre autres une promenade publique dans un port du Midi ; une vue des *Andelys*, avec le fleuve limpide, l'église, les maisons riveraines, et des bouquets d'arbres se reflètent ; une autre vue des *Andelys* dominés par la ruine bien connue des touristes en Ile-de-France. Puis, dans l'ordre nautique, deux très beaux motifs de *Port-Louis*, sujets où excelle l'artiste : l'un avec des barques sous un ciel nuageux qui influence l'aspect de l'eau de façon assez dramatique ; l'autre avec un grand bateau à deux mâts d'une allure nette et svelte.

On ne peut manquer d'être frappé de la façon très personnelle dont, en ces beaux dessins dont on commence à apprécier l'importance, Signac se rattache à Jongkind. Ainsi s'avèrent, une fois de plus, les transmissions dont la constatation fera peut-être la nouveauté de notre travail, comme les œuvres qui se succèdent sous nos yeux forment par leur enchaînement celle de la collection.

Henri-Edmond Cross ne peut plus être ignoré, pas plus qu'il ne peut être séparé de Signac. Il mourut jeune, cinquante-quatre ans. Mais s'étant retiré de bonne heure du fébrile mouvement parisien, pour ménager sa santé délicate, et vivant dans une tranquillité laborieuse, il put produire une œuvre de quelque importance comme nombre, extrêmement séduisante comme qualité. Par tempérament, Cross avait dès l'abord recherché les moyens de peindre les plus clairs, les plus exempts de tons assourdis. Ainsi appartenait-il à la filiation directe des Monet et des Renoir. Un charmant tableau de *Vendangeuses* dans la collection présente cette curiosité de réunir, pour les personnages une facture lisse et fondue et pour le paysage un très discret essai de touches plus divisées. Ce n'est qu'après 1892 que, dans le Midi, il adopta franchement le procédé de ses amis de 1884. Il conquit grâce à cela un domaine qui lui appartient bien en propre, et qui tout en étant exploité exactement d'après les mêmes

principes que Signac, se distingue doublement : par l'harmonie, et
par la poétique. Phénomène assez curieux, cette harmonie qui est
moins véhémente, plus tendre, tout en étant très vibrante, se compose parfois d'éléments plus crûment ou plus fortement contrastés.
Un Cross auprès d'un Signac paraît aussi féminin que l'autre est
viril. Ils ont aussi un genre très différent de lyrisme, — car ils sont
lyriques tous les deux — celui de Signac étant résolument naturaliste, et celui de Cross idyllique et d'un insinuant paganisme, nullement inférieur à celui des maîtres de la Renaissance.

« J'ai fait venir, écrivait-il à son camarade Angrand (de la fondation
des Indépendants) un modèle féminin dans un petit bois de chênes-
lièges proche de ma maison. Ce nu, au soleil ou à l'ombre, m'a mis
devant les yeux des harmonies de formes et de teintes insoupçonnées. »
Cette expérience l'enchanta tellement qu'il n'hésita pas à composer,
d'agencements de nus dans les lumineux paysages provençaux, deux
tableaux capitaux que nous retrouvons ici et qui brillent non seulement de couleur, mais encore de composition, au milieu de ses autres
ouvrages plus littéralement transcrits de la nature. Rien de plus noble,
de plus élégant que ces guirlandes de beaux corps féminins dans
l'enchantement de la végétation, de l'atmosphère et du ciel.

Cross se montre non moins heureux dans ses paysages purs :
une plaine luxuriante, et un superbe vaisseau dans un port qui se présente à nous par la proue. Bien d'autres peintures d'époques diverses
permettent dans la collection Canonne, de devancer le jugement que
l'avenir réserve à ce grand artiste. Une remarque en terminant, relative à ses aquarelles. Cross y conserve la division de la touche à laquelle
Signac renonce pour ces sortes de travaux. Nous réservons pour une
autre partie de notre étude les conclusions à tirer de ce qui vient d'être
analysé dans celle-ci.

X

LES IMPRESSIONNISTES
DE SENTIMENT.
VUILLARD, BONNARD ET ROUSSEL

Nous ne saurions perdre de vue que nous sommes en présence d'une collection, d'un ensemble continu et complet, qui nous permet de retracer seulement l'histoire d'un des chapitres, à la vérité des plus originaux et des plus caractéristiques de l'art moderne. Celle de l'Impressionnisme et de ce que par filiation, voire par répercussion ou enfin par dérivation, il a pu susciter.

Ni ce qu'il peut y avoir d'honorable dans les vestiges de la tradition, ni ce qu'il demeure de brillant et de vivant dans le symbolisme et le « néo-traditionnisme », ne peut entrer dans le programme de cette étude, pas plus d'ailleurs que les discussions, sur le cubisme, les écoles étrangères (fussent-elles ancrées en plein Paris) et le surréalisme. Comme dit don Carlos dans *Hernani* : « Ce n'est pas de cela qu'il s'agit ». La beauté et la puissante leçon de la collection Canonne, c'est qu'elle a, pourrait-on dire, un commencement, un milieu et une fin, également illustrés par les plus représentatifs des ouvrages grâce auxquels l'impressionnisme a conquis dans l'art moderne une place universellement admirée, — et comprise. Ni diversions, ni surcharges, ni recommencements. C'est pour cela qu'on ne trouvera pas ici de considérations sur certains grands artistes *contemporains* des anciennes comme des nouvelles générations de l'impressionnisme tels que Gauguin, par exemple, et M. Maurice Denis, et d'autres, tandis qu'on y verra étudier en qualité de continuateurs Vuillard, Bonnard, Roussel, puis certains plus récemment affirmés. Il se peut même que l'on n'accepte pas de prime abord les rattachements et relations que nous essaierons de déterminer. Nous ne sommes pas certain que ces artistes eux-mêmes acceptent comme exacts nos rapprochements et s'y reconnaissent comme dans un miroir. L'historien demeure responsable de ses théories, surtout en matière contemporaine. Les âges ultérieurs commettront bien d'autres confusions. Il suffit que l'on rende justice aux talents et aux œuvres, qu'on en apprécie le mérite et qu'on en goûte pleinement la séduction sans restreindre son plaisir par un parti-pris pour ou contre des œuvres et des talents différents, fussent-ils directement opposés.

C'est ce que nous avons voulu faire jusqu'ici et que nous poursuivrons jusqu'à la date la plus récente. S'il paraît y avoir un contraste des plus accusés entre le point de départ et le point — momentané, — d'arrivée, c'est que l'on n'aura pas, croyons-nous, assez suivi les transitions que notre analyse aura essayé de démêler.

⁎

La première que nous rencontrons de ces transitions est déjà particulièrement délicate. En 1890-92, de jeunes artistes entraient dans l'art et dans la vie à la fois, rebutés par la formule impressionniste telle qu'elle s'était étendue jusqu'aux officiels et dans les grands Salons, mais en ne pouvant la confondre avec l'œuvre accomplie par les grands impressionnistes.

Comme aux débuts de l'impressionnisme lui-même, tels que nous les avons résumés, des tempéraments divers étaient rassemblés par l'âge et l'instinct de combativité, plus simplement encore par le seul fait qu'ils venaient à leur tour, enfin plus relativement, par une communauté de vision, de tour d'esprit et de dispositions pour la recherche. De même que les années 187... avaient vu réunis des hommes aussi dissemblables que Degas, Monet, Renoir, Pissarro ; de même ce petit groupe dont nous avons remarqué et encouragé de notre mieux les débuts et sans vanité, parmi les tout premiers, offrit dans les années 189... un bien curieusement sympathique assemblage.

Une charmante affiche qui fleurissait à l'improviste sur les murs parisiens, et qui apportait une note d'une fantaisie toute nouvelle, *France Champagne*, était signée d'un monogramme inconnu. C'était simplement une jeune femme de profil, à mi-corps, d'un maniérisme juvénile et délicieux, sans aucune des attractions de couleurs pimpantes qui avaient fait et firent longtemps encore le succès de Jules Chéret. Rien qu'un dessin en bistre sur le fond blanc, mais d'une grâce contournée, espiègle, et qui donnait envie d'en savoir plus long sur le nouveau venu. Il n'est rien de plus facile quand on a quelque pratique du journalisme, que de dénicher immédiatement un inconnu. L'affiche était encore fraîche, que nous savions déjà le nom, puis même l'adresse, de celui-ci : Pierre Bonnard, 24, rue Pigalle.

Seulement au lieu d'un inconnu, du même coup nous en trouvions trois.

Après avoir grimpé six étages, sinon sept, nous nous trouvions devant une porte sur laquelle était placardée une liste de cinq ou six noms. Que cet atelier devait être vaste, qui abritait une telle colonie ! Or, à peine la porte ouverte on en voyait tout de suite la fin. Il était à peu près aussi haut que long et large ; bref il était à peu près rempli par trois des personnages qu'annonçait la pancarte, plus un ou deux chevalets au moment où nous entrâmes. Si Lugné-Poe qui était au nombre des inscrits, avait été là, ce grand acteur étant également un acteur très grand, la scène se serait passée sur le palier et nous n'aurions pas eu la surprise qui nous avait attendu derrière la porte.

Ils ne réunissaient guère plus de soixante ans en s'y mettant à trois, et leur bourse était certainement légère, mais non pas leur jeune résolution. Ils avaient déjà, venant de passer quelques jours par l'Ecole des Beaux-Arts et l'atelier Cormon, résolu toutes les questions d'art par la négative, ce qui fut condition excellente pour eux, mais quoique l'affirmation de leur avenir n'ait pas tardé à se rendre visible, leurs efforts pour trouver leurs premiers éléments expressifs, n'avaient encore donné que de modiques et presque timides essais. Il était même à remarquer combien ils étaient réservés et modestes et combien plus ils songeaient à se conquérir eux-mêmes qu'à conquérir le monde. Est-ce à cela que leur art a dû de demeurer pour l'un délicatement humoristique, pour le second sensible et profondément intime, et pour le troisième poétique et d'un mysticisme fervent ? Le premier, à la physionomie étonnée et railleuse en même temps, était le Pierre Bonnard que nous cherchions; le second, d'une extrême sensibilité extrêmement contenue, mais qui se trahissait par les réticences même, accompagnées d'un sourire plein de bonne grâce dans la barbe de feu, était Edouard Vuillard ; le troisième, pensif, pénétré, qui semblait avec ses cheveux blonds et la douceur de son visage rond, échappé d'un tableau de Memling, s'appelait Maurice Denis. Nous venons d'indiquer les raisons de ne pas étudier l'œuvre de ce dernier, ni sa place dans l'art de notre temps. Les deux autres amis sont ceux qui paraîtraient se détacher nettement de l'impressionnisme quant à l'apparence optique, et qui pourtant lorsqu'on les analyse d'un peu près s'y rattachent essentiellement — par Monet pour l'un, et par Renoir lui-même pour l'autre.

L'on s'arrête toujours trop à des formules, ainsi qu'à des tonalités. Pour les passants rapides et superficiels, tout ce qui est clair est impressionniste, quel que soit le sentiment. Pourtant il y a infiniment plus de distance entre Monet et tel de ses imitateurs qu'il est inutile de nommer qu'entre le maître de la *Place Saint-Germain l'Auxerrois* et le Bonnard des premières vues des boulevards extérieurs. Nous n'allons pas tarder à en voir des témoignages, mais il faut achever de tracer ce bref aperçu des origines et des relations d'artistes que, dans un tout autre sens que Seurat, Signac et Cross, on pourrait aussi dénommer des néo-impressionnistes, si le nom retenu par Signac ne créait pas de confusion.

Le petit groupe avait ses ramifications — et pour cause, — en dehors du tout petit atelier de la rue Pigalle. Paul Seruzier était théoricien pour le compte de tous. René Piot, très à part, se vouait à l'étude des techniques de Delacroix et des fresquistes du *Quattrocento*.

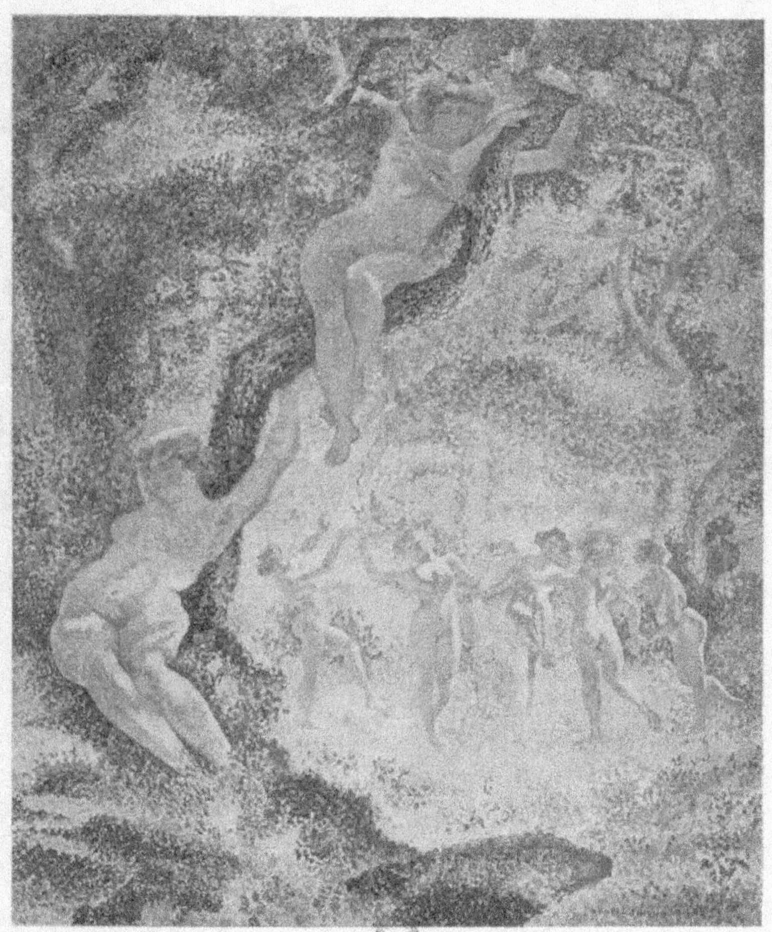

H. EDMOND CROSS. — VISION MÉDITERRANÉENNE.

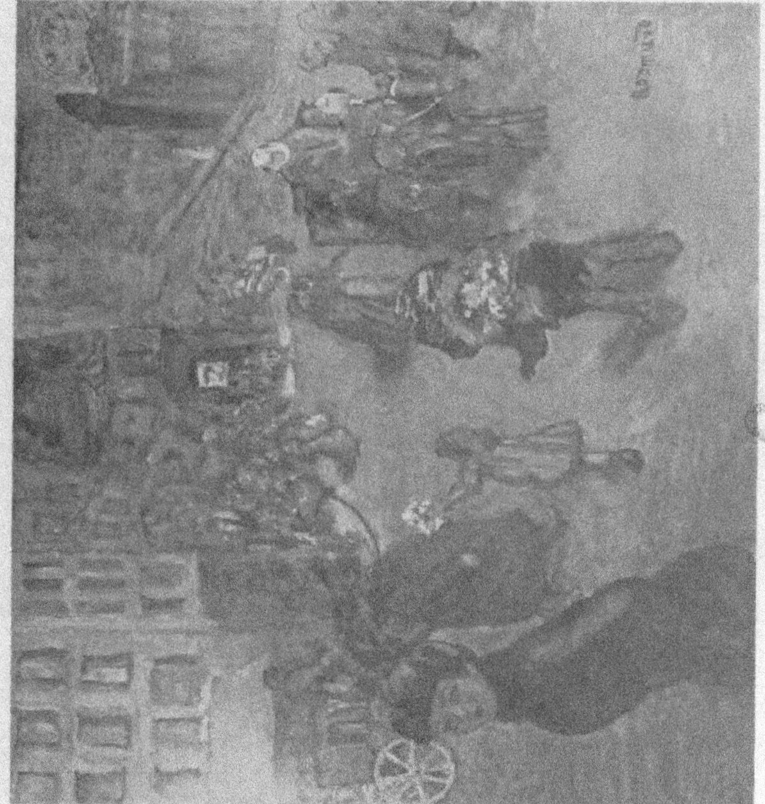

PIERRE BONNARD. — Boulevard de Clichy.

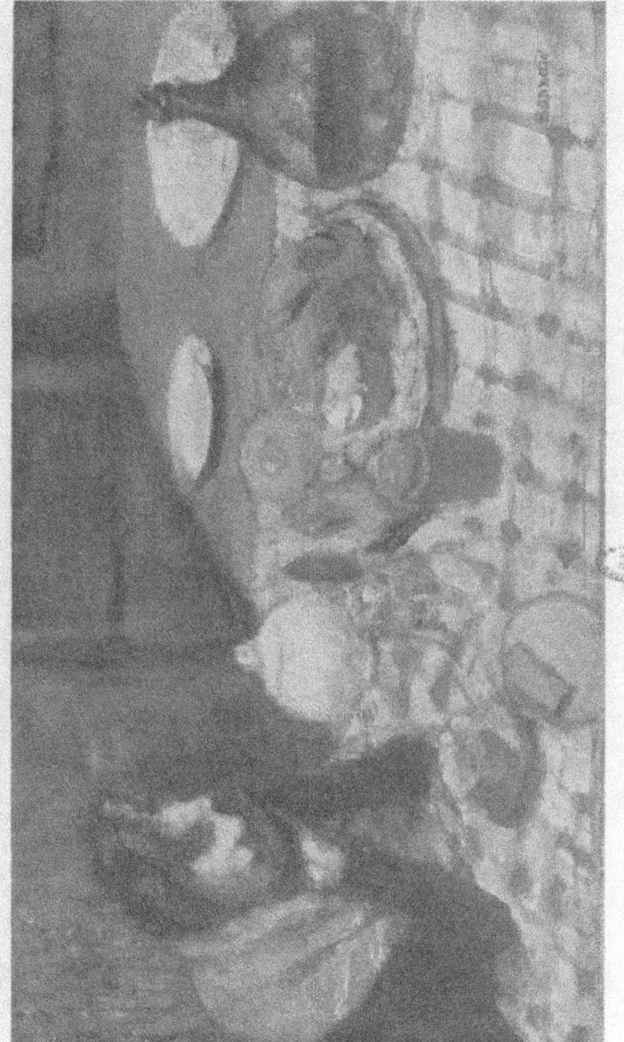

PIERRE BONNARD. — Le Déjeuner.

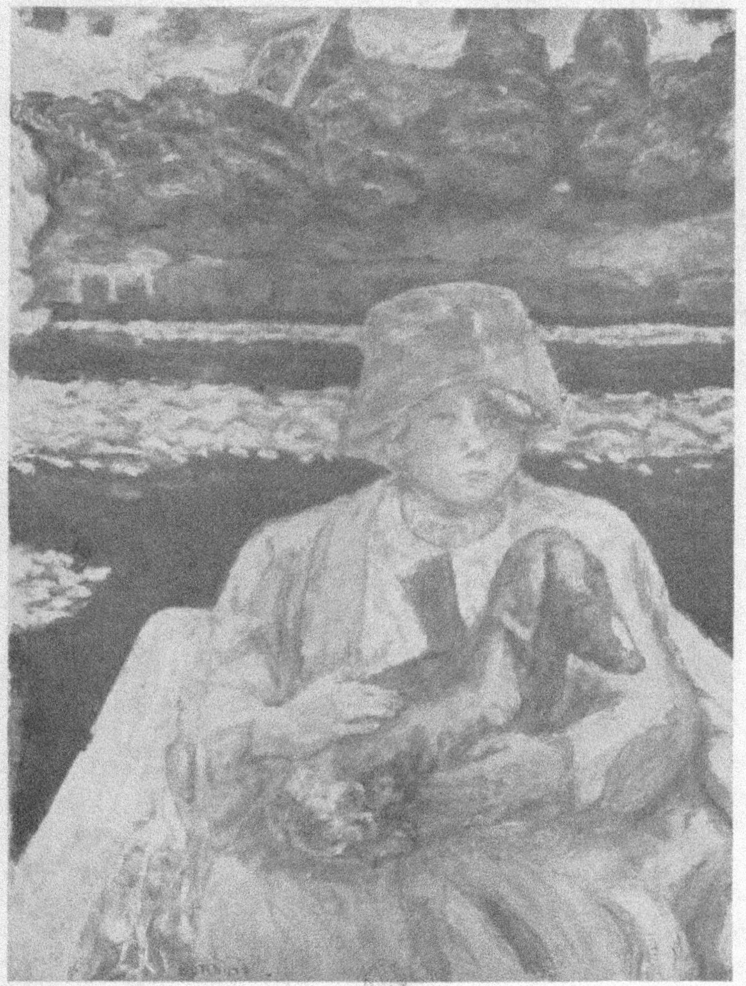

PIERRE BONNARD. — En bateau.

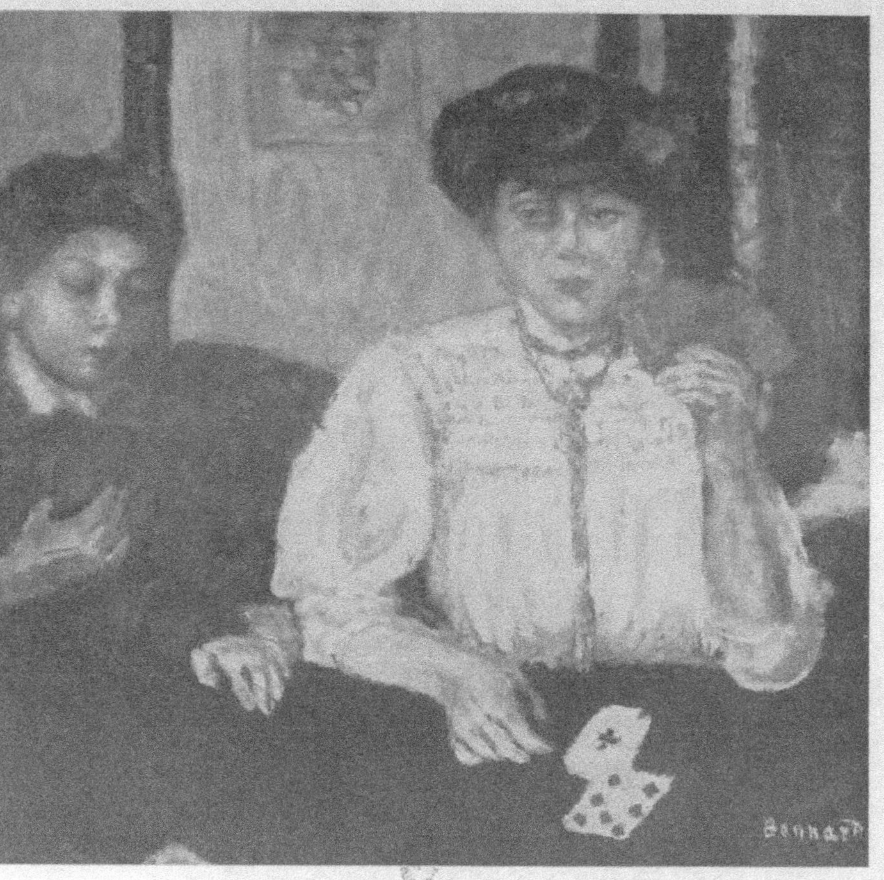

PIERRE BONNARD. — LA PARTIE DE CARTES.

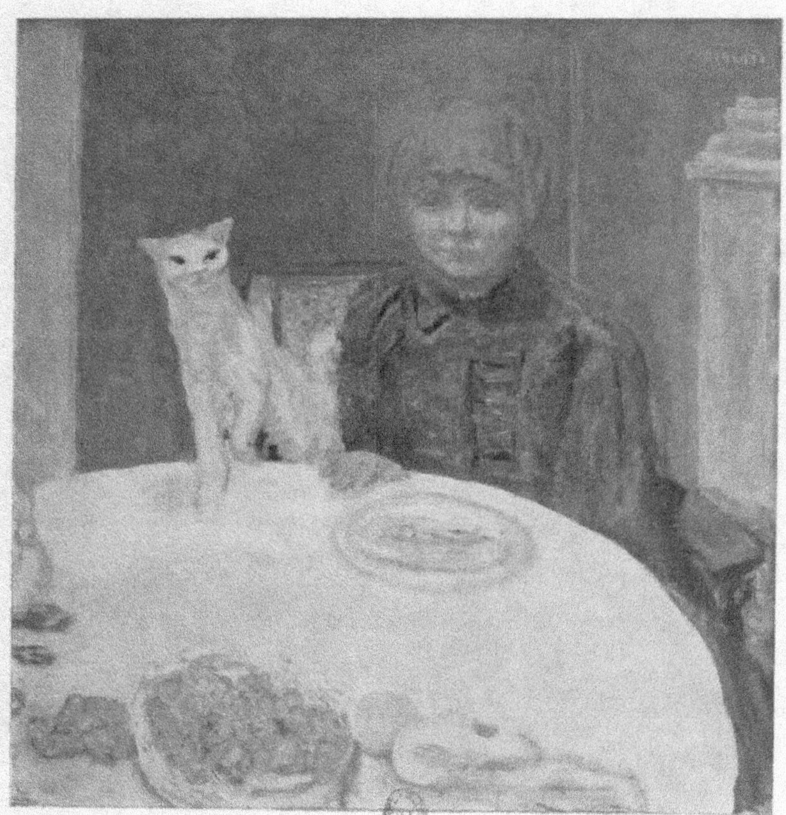

PIERRE BONNARD. — Le Déjeuner.

D'autres échappent complètement à une classification unique. En revanche, à Edouard Vuillard et à Pierre Bonnard nous ne devions pas tarder à trouver étroitement uni un autre esprit et talent fraternel que le hasard du jour ne nous avait pas permis de rencontrer tout d'abord, K.-X. Roussel. Celui-ci complète de la façon la plus harmonieusement saisissante le trio que nous voyons briller dans la collection Canonne après le grand impressionnisme de Monet-Sisley-Renoir, et le néo-impressionnisme de Signac et Cross.

Ce qui les rendait fils de l'impressionnisme, c'est que tous trois étaient en communication directe, immédiate, prompte dans le contact avec la vie, quittes à la noter de souvenir dans leur petit atelier. Ainsi surtout avait procédé Renoir, et ainsi procédait Bonnard. Quant à Vuillard, ses impressions étaient constamment le fruit de sa présence dans l'intimité familiale et le décor où elle se développait quotidienne. Monet n'avait jamais travaillé autrement, et peu importe que l'impression soit de « plein air » — puisqu'il faut bien l'appeler ainsi malgré l'abus que l'on dut un jour tourner en dérision — ou qu'elle soit d'intérieur. Cela constitue de bien plus profondes similitudes que celle de telle ou telle gamme. D'ailleurs Monet lui-même avait ouvert cette voie en peignant, et en montrant dans les premières expositions de la rue Laffitte, certains salons intimes, où les ombres bleues glissant d'une fenêtre ouverte dans le fond jusqu'au premier plan, sur le parquet ciré avaient contribué aux scandales d'alors.

Voici donc Pierre Bonnard flânant sur le boulevard de Clichy ou place Pigalle, ou place Blanche, qui sont si proches de son petit atelier et son véritable prolongement spacieux. Le nez en l'air, le regard très sérieusement attentif et réceptif en dépit de la mine éveillée et du sourire qui découvre ses incisives et ses canines. Très amusé, et très captivé par le mouvement, les types, les chassés-croisés aussi accidentels en apparence, mais aussi rythmés, des humains cheminant sur le pavé, que les danses des mouches dans l'air, il dessine dans sa tête sans avoir besoin de les noter, tous les détails dans tout le spectacle. Sa mémoire étonnamment enregistreuse est son véritable carnet de croquis ; mais en même temps, chez lui, un autre appareil fonctionne :

l'appareil à interpréter. La femme qui passe, le drôle de chien qui la suit, les fiacres stationnant à la queue-leu-leu, comme dans les frises et les bas-reliefs ; la physionomie et la couleur des boutiques, la perspective des rues ; la couleur du pavé, cette réalité, et du ciel, cette possibilité ; autant de choses qui se retrouveront sur la toile comme si elles s'y étaient donné rendez-vous, mais qui sont une recomposition de remarques attrapées au passage, et pour tout dire par le mot auquel on arrive inévitablement, *d'impressions*. Mais ces impressions partielles, reconstituant une impression d'ensemble, ont passé par l'humour, par la nervosité espiègle, par l'amusement infatigable de ce sensitif qui ne peut peindre d'après nature que d'après sa nature. L'on tremble de penser, si la supposition n'était pas si invraisemblable, si contradictoire, tout ce qu'il aurait pu perdre de tout cela, si quelque circonstance l'avait forcé de s'acharner dans un atelier de l'Ecole des Beaux-Arts. Mais Renoir s'y était-il lui même arrêté plus de quelques heures ?

Ainsi, au début, Bonnard est-il un impressionniste de la vie extérieure. Trop « vif argent » pour se spécialiser à perpétuité dans ce seul genre et d'un talent trop indépendant pour demeurer prisonnier du dehors, plus tard il étendra ses voyages jusqu'entre les murs où s'encadre l'existence familière.

Vuillard, dès le commencement, et ensuite avec une persistante préférence, sera et demeurera un impressionniste de la vie intime. Cette impression infiniment vive et toujours renouvelée tout en se jouant sur les mêmes êtres chers et les mêmes objets de délectation, allie à l'intensité du moment aimé la patience — relative — de la caresse picturale qui le traduit. L'intérieur le plus modeste le ravit et il en tire des ressources précieuses. Le papier de tenture à fleurs « que l'on trouve partout » devient un décor somptueux. C'est pour tout ce qu'il ressent et exprime de ce qui se passe sous ses yeux et près de son cœur que Verlaine semble avoir écrit ses vers si touchants sur « la vie humble aux travaux ennuyeux et faciles ». Comme chaque touche exprime l'émotion d'une perpétuelle découverte, son œuvre est celle d'un des plus riches harmonistes de notre temps, de même que le mouvement où l'attitude saisis dès l'abord, au moment où les êtres sont le plus eux-mêmes sans le moins y prendre garde, font de lui un véritable impressionniste de l'âme. Ce n'est pas à dire qu'ainsi que Bonnard est devenu aussi peintre intimiste, Vuillard ne pourra se complaire à décrire quelques impressions du dehors, par exemple sa belle *Place Vintimille*. Mais ce sera plutôt exceptionnel dans son œuvre, tandis que de plus en plus la communicative séduction de ses portraits de la vie et de son ambiance, ou si l'on préfère, des ambiances habitées, le faisant rechercher pour leur caractère de sympathie vraie, il étendra aux données les plus variées, qui pourront aller du salon d'une brillante actrice à la bibliothèque sans faste de Théodore Duret, ses décors et ses psychologies.

A. — PIERRE BONNARD.

Nous allons rencontrer dans la collection Canonne les exemples les plus divers et les plus attrayants de chacun de ces rejetons exquis des grands impressionnistes.

Tout d'abord, de Bonnard, précisément des tableaux de la rue à l'époque où le peintre pour prendre son essor n'avait qu'à descendre les sept étages de son atelier pour se rendre à son atelier en plein air de la place voisine. Plein air, en effet ; et l'on peut épiloguer sur ce mot ; mais non ce plein air factice que chacun, une fois compris le profit qu'il y avait à obtenir de l'impressionnisme mis à la portée des foules, pouvait réaliser avec beaucoup de tubes de blanc d'argent. Plein air de vie populaire et d'atmosphère grise et gaie de Paris remarquablement saisi par le jeune peintre. Sans doute d'autres interprétations, dans les tons éclatants, des mêmes thèmes, sont également possibles et légitimes, et Bonnard lui-même ne se fera pas faute de moduler dans ces accords en majeur, mais ici la vérité de ces tonalités en mineur n'est pas moins vive et non moins gaie. (D'ailleurs on conçoit assez bien par cet exemple, comment pendant des siècles autrefois, entre autres au XVIe et au XVIIe les chansons et les danses ressenties comme les plus gaies étaient dans le mode mineur, alors que les habitudes de spécialisation, ennemies des raffinements, à notre époque, ont limité son pouvoir et l'ont relégué dans le domaine, souvent factice, de la mélancolie).

C'est quelque croisement dans le genre de celui de la rue Lepic et des voisines avec le boulevard extérieur qui se présente d'abord à votre vue. Dans la joyeuse animation matinale on découvre quantité de petites silhouettes véridiques, de personnages typiques. Beaucoup de ceux-ci ont disparu ou changé (au bout de plus de trente ans!) comme le cocher de fiacre, le « Camille » en carrick beige et en chapeau blanc de toile cirée, ou même le marchand de fleurs qui portait son commerce dans une hotte. Et pourtant cela vit toujours, n'a pas vieilli, et ceux mêmes qui n'étaient pas du Paris d'alors s'y reconnaissent, tant l'ambiance est juste, tant l'allure générale des foules demeure logique et leur mouvement aussi réglé que celui d'une fourmilière. Rien d'amusant comme l'épisode d'un gros monsieur à qui une petite fleuriste offre un bouquet de deux sous. Rien de plus *parisienne*, quoiqu'elle ait coupé depuis sa coiffure bouffante, que cette ouvrière (ou autre destinée, je ne sais) qui marche au premier plan, coupée à mi-corps par le cadre. Remarquons cet artifice, ou plutôt cette trouvaille (car nul n'est moins artificieux que Bonnard), qui donne à la fois de l'originalité à la mise en toile, et du mouvement à la scène.

Un autre tableau important dans la même donnée et de la même époque, la *Place Clichy*. Deux femmes en cheveux, de nouveau, passent tout contre nous. L'une a un corsage rouge ; l'autre, en gris foncé, porte dans ses bras un chien ; et ce qui est presque la signature de Bonnard et une des particularités de sa gaie gaminerie, ce sont ces chiens, accompagnés, accompagnateurs, ou errants, dont personne n'a comme lui observé et saisi la drôlerie. Même variété des passants ou des groupes. Au fond, l'on aperçoit la terrasse d'un café avec la bâche blanche à raies rouges à faire battre le cœur d'un Parisien en exil.

Il y a dans la collection d'autres toiles plus petites consacrées à ces vues de rues ou de façades avec leur flore de boutiques, leur faune de marchandes des quatre-saisons. Toutes sont amusantes et vraies, toutes sont, par excellence, des *impressions*.

Un peu plus tard, le peintre fera rendre à sa palette des sonorités beaucoup moins atténuées. Il se produira alors de très curieuses transpositions des tons, qui correspondent aux *timbres* des instruments lorsqu'un habile compositeur en tire les effets qu'ils ne paraissaient pas comporter, ou auxquels on n'avait pas songé. Exemple les *Jazz*.

Je vois, par exemple, un paysage des environs de Paris, quelque Chaville ou quelque Sèvres, au milieu duquel un chemin va en descendant puis remonte la pente opposée, perspective difficile et dont Bonnard se tire avec une assez belle insouciance de la résoudre géométriquement. Or, du côté droit de cette route qui mène à des maisons groupées et des arbres d'un vert qui produit sur nos yeux la sensation sur nos dents d'une pomme pas mûre, se trouve le mur de soutènement d'un remblai et il est d'un rose très tendre ; l'autre côté, un mur de clôture, dans l'ombre, est d'un rouge cerise intense. Et avec ces chocs de tons, parfaitement arbitraires, le peintre nous donne, d'abord, des sensations très harmonieuses, et de plus l'illusion de vérité que nous ne saurions éprouver de la part de paysagistes qui se donnent un mal fou pour être parfaitement exacts. Ainsi Bonnard, avec cette heureuse outrance, mais aussi par un don spécial de refaire de la vérité avec du paradoxe chromatique, peut-il être considéré comme impressionniste d'interprétation.

On retrouve la confirmation de cette vue sur son œuvre dans d'autres peintures de différents formats, toujours aussi imprévues, et de cette audace qui s'ignore. Une *Vue de la Seine* avec la Tour Eiffel, ou le ciel chargé de nuages est d'un gris bleu ardoisé, l'eau du fleuve d'un vert émeraude et la berge au premier plan du plus beau rose. Une *Vue d'un port* avec une mer couleur d'œillet et un ciel de soleil couchant d'une valeur à peu près pareille, en avant un bateau noir amarré à un quai mauve, près d'un tas de briques. D'autres encore, avec des forêts d'un vert de malachite claire et des maisons en contre-bas et des chemins bouton d'or, ou œufs brouillés ; et tout cela est vrai, parce qu'en effet ceux qui sont incapables d'admettre que les murs sont rouge cerise, les routes jaunes ou mauves, la Seine émeraude, la mer couleur de pêche, pourront lire une photographie, peut-être, mais ne comprendront jamais rien à la peinture, et à son privilège, suivant l'expression familière, de « plaider le faux pour savoir le vrai ». Et le vrai, ce sont *les relations justes entre les équivalents choisis.*

Les premiers tableaux de Bonnard, de la famille de ceux que nous avons analysés, étaient d'étonnants instantanés ; on dirait volontiers un cinéma avant l'invention, mais un cinéma subjectif, et non d' « objectif. » Dans la seconde partie de sa carrière et de son œuvre, en se consacrant de préférence aux thèmes de la vie intime, il allia ces nouvelles ressources de couleur à une observation plus attentive des personnages, et il accorda à ceux-ci plus d'importance dans la composition, dans la « mise en toile » de ses tableaux. Ici encore nous voyons des témoignages de cette évolution.

Un des plus beaux est ce *Déjeuner* où nous voyons une jeune fille en corsage rouge avec des lisérés blancs, assise, de face, devant une assiette de sardines, un plat de terre brune contenant des pommes cuites, divers accessoires. Nous devons avouer qu'avec ce peintre tous les noms de couleurs que nous avons employés ne désignent que très imparfaitement la nature de ces couleurs et ne donnent aucune idée de leur qualité. C'est ce qui fait que cette peinture a offert dès l'abord des séductions particulières. Mais le sentiment à la fois ironique et tendre non seulement n'a pas diminué depuis les esquisses féminines de l'auteur de l'affiche « France-Champagne » mais a pris encore plus de complexité. Par exemple cette déjeuneuse rouge est plus que toute autre une physionomie de cette candeur avertie qui est le propre de — ma foi tant pis, je risque le mot nullement académique, mais irrésistiblement tentant — la « môme » parisienne.

Une autre belle figure féminine à mi-corps dans un paysage qui est des plus curieux. Celle-ci est d'une classe, ou tout au moins d'un « genre » plus relevé. Elle est en bateau, à l'arrière, vêtue d'un indéfinissable gris clair, et coiffée d'un bizarre chapeau en cloche ; elle tient dans ses bras le plus drôle des bassets. L'eau est d'une valeur très sombre quoique en pleine lumière ; elle forme une large bande horizontale, arrêtée elle-même parallèlement par des nappes de plantes aquatiques claires, et au delà la rive s'élève en coteaux très verts. Toutes ces horizontales parallèles font un fort bel effet, et permettent de penser que l'horreur de Delacroix pour les parallèles qui, selon lui, « sont des monstres dans la nature » peut souffrir quelques atténuations quand la couleur ici les dissimule, comme en musique les quintes cachées sont employées heureusement par les habiles compositeurs.

Bonnard, au reste, a été, de par sa fantaisie, auquel il a toujours raison d'obéir, un inventeur de coupes très original. Ainsi un des tableaux à remarquer dans la collection, est celui qui montre une jeune fille dans un intérieur, vêtue d'une robe d'un très beau rouge très soutenu, et coupée perpendiculairement à mi-corps par une cloison devant laquelle se trouve une table à ouvrage. Cette aimable apparition s'occupe à quelque préparation ménagère sur une petite desserte ; il y a là un charmant effet de contre-jour. Cette disposition en hauteur plaît beaucoup à notre peintre. Il y trouve des effets particuliers d'éclairage et elle donne une sveltesse aux figures, comme dans cette autre jolie toile d'une jeune fille qui, n'ayant gardé que ses pantoufles rouges s'avance vers sa baignoire ; une glace occupe le fond, et le carrelage complète le décor de façon amusante. Une autre très originale jeune baigneuse est vue émergeant à mi-corps de son bain, les mains s'appliquant dans le voisinage de ses hanches. Dans toutes ces aimables nudités, les carnations attirent les reflets les plus chatoyants. Une petite figure nue, le *Modèle*, assise sur un canapé, est également de l'humour le plus fin, et le plus exempt de prétention. Pierre Bonnard excelle à décrire telle qu'elle vient se révéler sur leur visage chiffonné l'âme peu complexe de ces jeunes personnes, quand elles pensent à des choses profondes pour elles, ou qu'elles ne pensent à rien, qu'à leur déjeuner, ou au chat blanc, si comique, qui doit être le plus fréquent invité, sinon le seul ; — et ce duo est un véritable chef-d'œuvre dans toute la série. Très grave occupation aussi, et remarquable tableau, la *Partie de cartes* où une des joueuses, en corsage blanc relevé d'un sautoir de corail vient d'abattre d'un air méditatif le sept de cœur et le huit de trèfle, tandis qu'un peu dans l'ombre, sa partenaire (qui est peut-être la bonne ou la fille de la concierge), réfléchit sur son jeu. Nous en citerions d'autres encore, qui ne seraient pas moins délicieusement futiles. Par exemple, celle qui pourrait rajeunir le titre si vieillot de l'*Attente*, si gentiment endimanchée, avec son chapeau à nœud rouge, son corsage clair, sa jupe noire, et s'ennuyant tellement de rester assise. Que dire de mieux de tout cela, si pimpant, si naturel, parfois si spirituellement négligé et alors si peu fatigué, sinon que c'est extrêmement français et l'œuvre d'un enfant gâté de l'impressionnisme ?

B. — ÉDOUARD VUILLARD.

Il n'est pas de tentation plus dangereuse, et d'ailleurs de méthode plus déplorable, lorsque l'on est amené à parler successivement d'artistes qui appartiennent au même moment et qui ont des communautés de débuts et de tendances, que de procéder par comparaisons. Bonnard et Vuillard sont inséparables dans notre esprit, également haut placés dans notre estime. Mais nous nous garderons de tomber dans l'usage des *plus* et des *moins*, et l'on nous sommerait en vain de faire une déclaration, même déguisée, de préférences.

Nous répéterons donc que Vuillard est un admirable peintre de la vie recueillie et de l'éloquence de son décor. C'est à ce point que nous nous sentons là comme des spectateurs invisibles entrés à l'insu des occupants. Peu de peintres d'intimités, même parmi les grands Hollandais, sont aussi invitants. Dans leurs meilleurs tableaux de mœurs, les personnages sont toujours un peu en représentation. Ils se doutent que nous sommes là. Ou bien alors, ils nous sont découverts malignement par quelque Asmodée qui a voulu nous faire sourire. Ici nous sommes dans une atmosphère profondément affectueuse. C'est cela ; je crois que la grande raison du sentiment que nous inspire un tableau de Vuillard, c'est l'*affection*. Elle enveloppe les êtres, elle s'étend jusqu'à leurs objets familiers, jusqu'à la lumière qui ne les baigne pas indifféremment et par hasard, mais qui se modifie suivant chaque scène par le fait même qu'elle est influencée par la vie qui s'est, consciemment ou non, arrangée autour de leurs goûts, de leurs habitudes, de leurs prédilections. Cette impression, Chardin nous la donna ; Edouard Vuillard, dans son genre, nous en procure une qui peut en être rapprochée parce que Chardin a été le plus grand maître de l'affection en art. C'est cette vertu, ou ce don, comme on voudra l'appeler, qui a fait de Vuillard un remarquable harmoniste, le plus remarquable peut-être de notre temps, non que d'autres ne l'égalent point dans la science des combinaisons ; mais il y a dans la plupart quelque chose de prémédité,

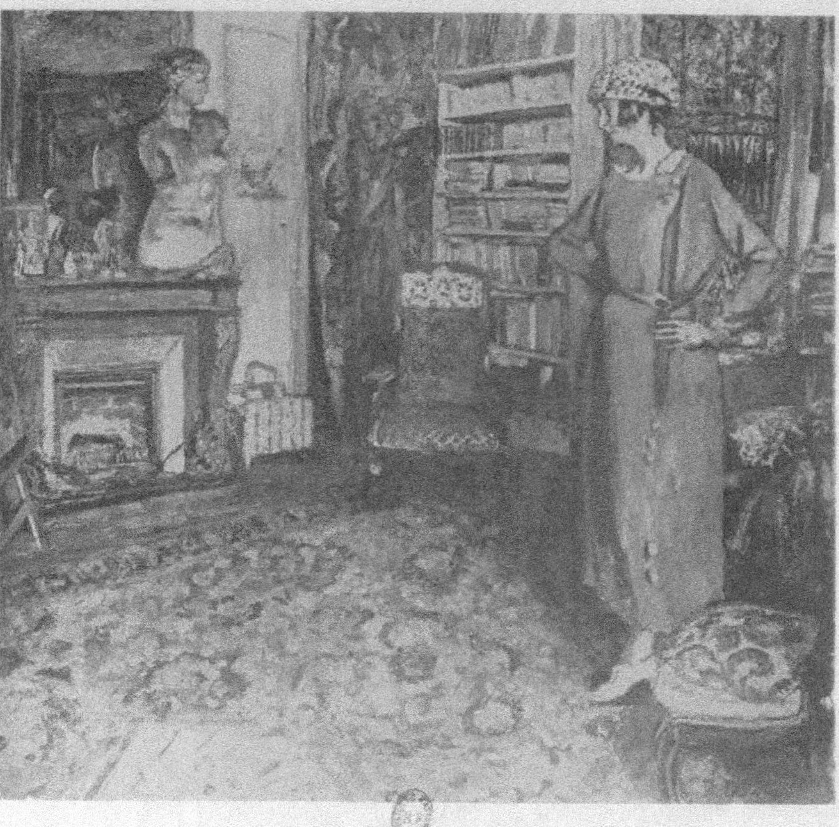

EDOUARD VUILLARD. — La Vénus de Milo.

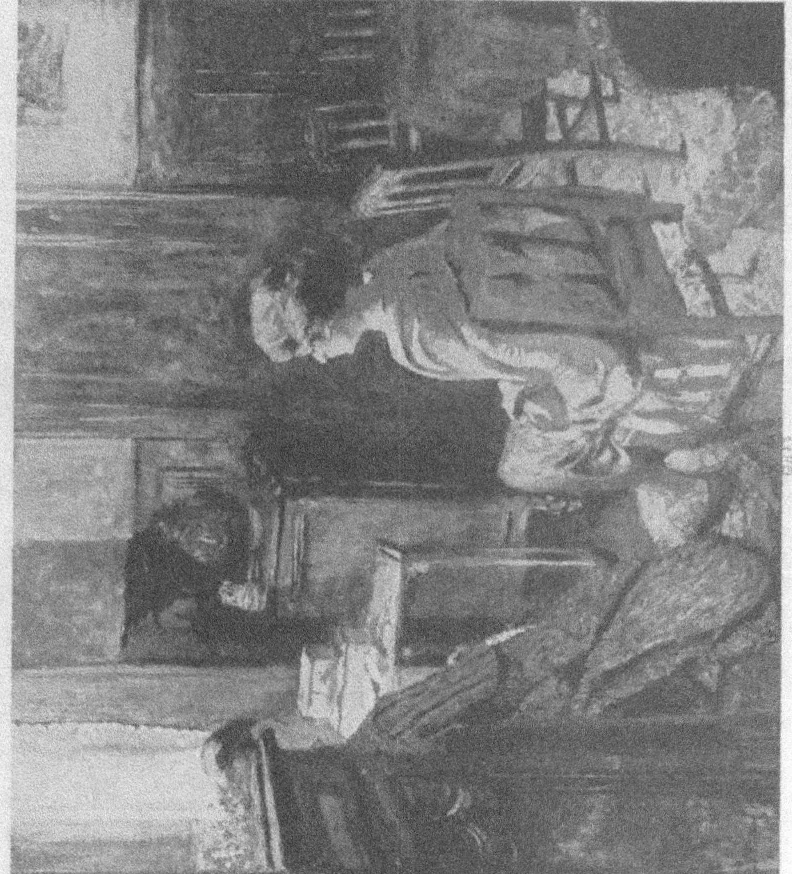

EDOUARD VUILLARD. — MADEMOISELLE ROUSSEL.

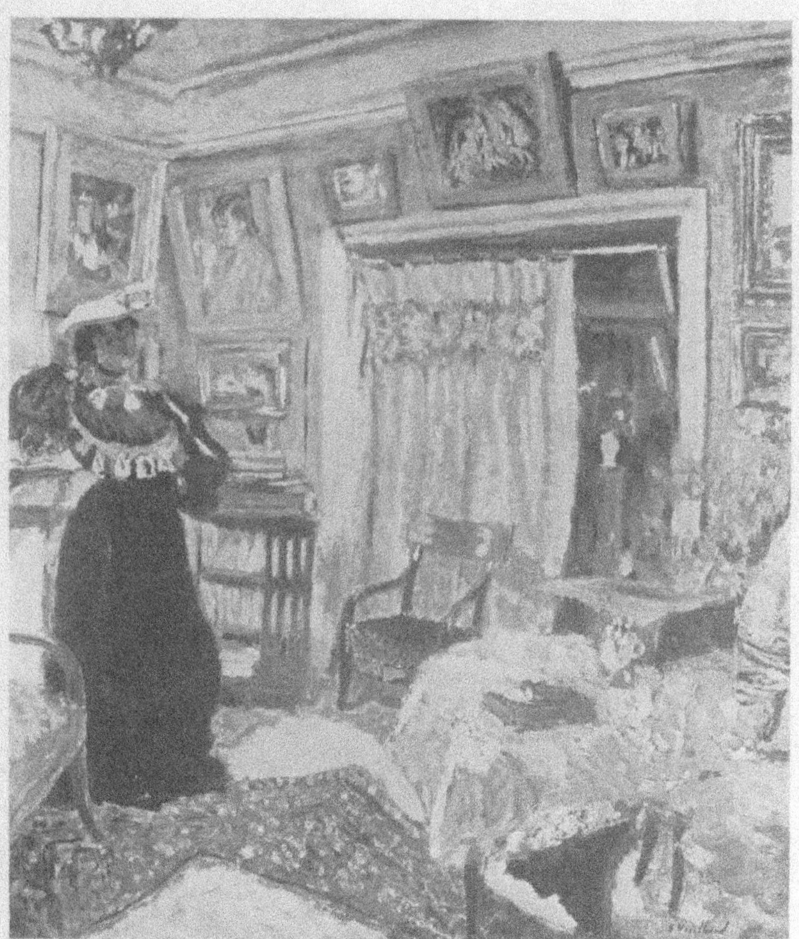

E. VUILLARD. — Chez Madame H...

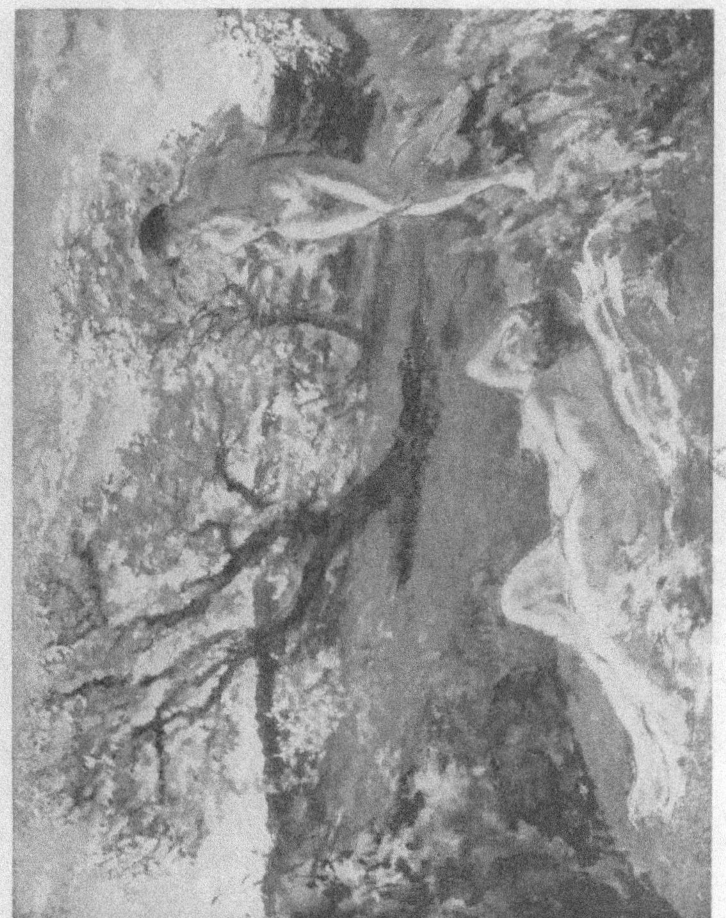

K.-X. ROUSSEL. — SCÈNE AU PRINTEMPS.

tandis que lui est aussi dépourvu d'arrière-pensées que Renoir, et aussi prompt à s'éprendre de son sujet. Alors, il *accorde*, ou il découvre l'accord latent dans cette harmonie de la vie et du milieu, telle qu'elle se présente, pour ainsi dire à l'état brut, et cet accord une fois trouvé, tout se déduit et se classe autour de lui. Il nous est impossible de le distinguer et il est partout, et jamais il ne se rencontre un manque, un *trou*, une dissonance dans la composition, si l'on peut appeler ainsi une disposition qui semble s'être arrangée toute seule, mais qui n'a cette force expressive que grâce à l'impression subite, simultanée, du peintre, et à sa faculté de la fixer intégralement. Cette explication paraîtra peut-être un peu embrouillée à ceux qui ne voudront pas se donner la peine d'en étudier les termes. Nous nous bornerons donc à constater que les tableaux d'intimités de Vuillard nous apparaissent conçus et exécutés d'un seul coup, que d'un seul coup également nous en recevons l'effet, mais dès que commence l'examen attentif, nous nous apercevons que cette unité résulte d'une complexité d'éléments étonnants.

C'est là, soit dit sans aucune intention d'épigramme à l'adresse des néo-impressionnistes, le véritable triomphe du *mélange optique* !

Optique de couleur, et optique de sentiment. Nous pouvons nous en pénétrer devant quatre œuvres également accomplies.

Une jeune femme belle, grande, saine, sûre d'elle-même, se tient debout dans son salon (modeste mais comme elle simple et de bon aloi) où elle vient d'entrer. Elle s'arrête un moment à penser, mais on sent qu'elle ne demeurera pas longtemps dans une contemplation inactive. Elle est vêtue d'une robe de chambre d'un bien beau ton de rose rouge fanée, un de ces tons intenses, et pourtant mats qui avertissent de la distinction d'esprit et de vision d'un peintre et qui appartiennent en propre à celui-ci. Une sorte de madras clair, tacheté, coiffe sa tête brune. Sur la cheminée un moulage : le torse de la *Vénus de Milo*. Cet objet, par lui-même assez volumineux et qui n'est guère à l'échelle de nos peu spacieux appartements n'est pas dépaysé ici, tant il se trouve naturellement amené et placé par le goût de la personne. Je me souviens que dans l'atelier étroit de Fantin-Latour, ce même torse occupait relativement beaucoup plus d'espace, et qu'il faisait très bien, posé sur un poële, et ne prêtait pas à sourire. Là, comme ici, les autres choses s'étaient arrangées autour de lui, par le consentement et les habitudes de la vie qui animait le logis. Vuillard a trouvé la perspective, le point de vue d'où il fallait prendre cette Vénus. Je craindrais de « faire de la littérature » et je suis à peu près certain qu'il n'a pas pensé un moment à suggérer une comparaison entre le torse antique, expression splendide de la beauté et de la santé dans la forme et celui que cache la belle robe de chambre rouge fané, et qui doit être également robuste et souple. Mais moi j'y pense, et j'y trouve un plaisir de sympathie, de même que je me complais à regarder les arabesques et les couleurs du tapis, l'éloquence de cette bourgeoise cheminée, de l'étagère peu prétentieuse qui contient les livres préférés, et je vérifie déjà que ce qui fait la force et la séduction de Vuillard, c'est la science en même temps que l'instinct des accords.

Deux dames causent près d'un fenêtre. L'une nous est vue de dos assise dans une pose commode. Une opulente chevelure blonde massée couronne le profil perdu qui laisse deviner un type de séduisante régularité. L'autre, plus âgée, se tient dans l'ombre, à demi-cachée par un meuble. Toute la lumière qui vient par la fenêtre aux rideaux de mousseline blanche est concentrée sur la première. Cet intérieur est peut-être moins intellectuel que le premier, oh ! très légèrement moins, mais il est plus recherché. Les meubles dont la pièce est peu encombrée sont d'un goût délicat. Quel que soit le sujet de la conversation qui tient attentives ces deux femmes, et il peut-être aussi bien de simple délassement que d'examen de quelque important problème sentimental, le ton est modéré, contenu. Ceux qui conservent le souvenir des pièces et des mises en scène du Théâtre Libre au temps d'Antoine, connaissent bien l'intensité d'effet, à laquelle pouvaient atteindre ce registre moyen, ces entretiens où pas un mot n'était dit plus haut que l'autre, tandis que se jouaient des destinées. Ils savent aussi combien un bon auteur dramatique, ou, dans le cas présent un bon peintre, mêle au langage des êtres le langage des objets. Je crois savoir que Vuillard en fut lui-même vivement frappé. Dans ce beau tableau, une chaise, la façon dont elle s'est trouvé posée remplit son rôle muet et prend son éloquence. Il n'est rien dans ces œuvres qui soit superflu ni insignifiant ; rien qui puisse être supprimé ; rien qui ne contribue à l'expression de la vie interprétée par cet art sensible et réfléchi.

Une visite. La visiteuse est en noir, avec un grand chapeau, noir également. La visitée est demeurée en négligé, ample et souple peignoir rose bordé de noir. Elle a une pose abandonnée, l'autre demeure cérémonieuse. Cet accord de couleurs et ce contraste d'attitudes s'empare dès l'abord de notre attention, mais tout ce qui englobe et enveloppe ce centre est d'une harmonie soutenue d'une douceur puissante. Par la baie du salon près duquel ces femmes mesurent leurs paroles, on aperçoit quelque vue de Paris, grise et fine. Deux rideaux l'encadrent, d'un ton de bouton d'or, splendide, quoique atténué. Les personnes sont placées sur une moquette rouge, en avant de laquelle s'étend, au premier plan, un tapis de milieu à grands ramages. Le peintre rend supérieurement ces effets de tapis, de papiers, de tenture, et en tire toujours un parti vrai et imprévu. C'est un genre de séduction dont Vermeer avait dans l'art moderne été le magique créateur. L'instinct de Vuillard lui a fait retrouver, à sa manière, ce secret.

Après avoir noté un des essais du début où le peintre retraçait de façon si aimante l'intimité du logis et du travail maternels, nous terminons sur un *intérieur animé* qui ne le cède pas aux trois précédents. Une jeune femme élégante, nerveuse, en toilette noire très « habillée » rentre chez elle, va ôter son chapeau. Nous sommes chez une avertie des choses d'art. Beaucoup de tableaux sont aux parois de cet appartement recherché ; les cadres dorés sont indiqués avec beaucoup de justesse et d'esprit, et l'on reconnaît le genre des peintres de l'époque, pour n'en citer qu'un : une scène de baigneuses de Cézanne ; la pièce abonde en jolis colifichets féminins, table drapée de batiste, que sais-je encore. Et c'est toujours ainsi que, grâce à la considération apportée à la vie, et par le moyen d'une harmonie riche et diversifiée, il s'établit entre le peintre, entre les personnages et les accessoires de leurs jours, et nous-mêmes, une communication parfaite.

c. — K.-X. ROUSSEL.

Des affinités d'un autre genre et sur d'autres thèmes, mais non moins pénétrantes, s'expriment chez le troisième peintre que nous avons signalé fraternel avec Bonnard et Vuillard. Il s'agit de ce virgilien artiste qu'est K.-X. Roussel. Le noble amoureux de la nature qui a donné si amplement sa mesure avec le rideau du théâtre des Champs-Élysées aurait dû être accaparé par l'État qui l'aurait chargé de décorer tous nos édifices propres à la méditation et au culte de la poésie. Il aurait prodigué sur d'amples surfaces le trésor des ivresses païennes qu'éveille en lui la féconde et riante nature, et qu'il doit condenser en des formats moyens, propres, il est vrai, à faire intervenir dans l'exiguïté de nos réclusions le désir, le souvenir, et le mirage des cieux bienfaisants et des bois peuplés de mélodieux mystères. Il nous refait contemporains des nymphes chères à Corot et des bergers de Théocrite. Combien de fois nous a-t-il ravis en même temps que nous montait aux lèvres le cri de l'exilé : *O ubi campi !* pour peu que nous ayons conservé de regret de nos existences antérieures, à moins encore qu'à force de jeûner de lumière et d'air, nous ne soyons plus aptes qu'à nourrir de l'artificiel nos organes et nos esprits.

La merveille, c'est que Roussel a retrouvé toutes les richesses, réentendu toutes les gammes, réharmonisé toutes les couleurs du panthéisme à quelques pas de ce Paris trépidant et frelaté. La vallée si plaisante et si discrète qu'il domine, la forêt voisine qu'il explore, le fleuve qui se fait aimable à son détour vers les environs, lui ont fourni tous les thèmes et toutes les variations. Il a retrouvé Chénier à l'Étang-la-Ville, Virgile à Marly, comme Maurice Denis qui pourrait correspondre avec lui à vol d'oiseau a retrouvé la Vierge et saint François dans les souples et pittoresques ondulations de Saint-Germain et de Fourqueux. Ces danses de dryades et de faunes, Roussel les a vues réellement dans les splendides couchers de soleil, ou dans les matins argentés et humides. Corot à qui l'on expliquait les théories « réalistes » de Courbet et de son prophète Champfleury, répondit après avoir réfléchi un moment : « Eh bien, j'irai tout de même voir demain matin

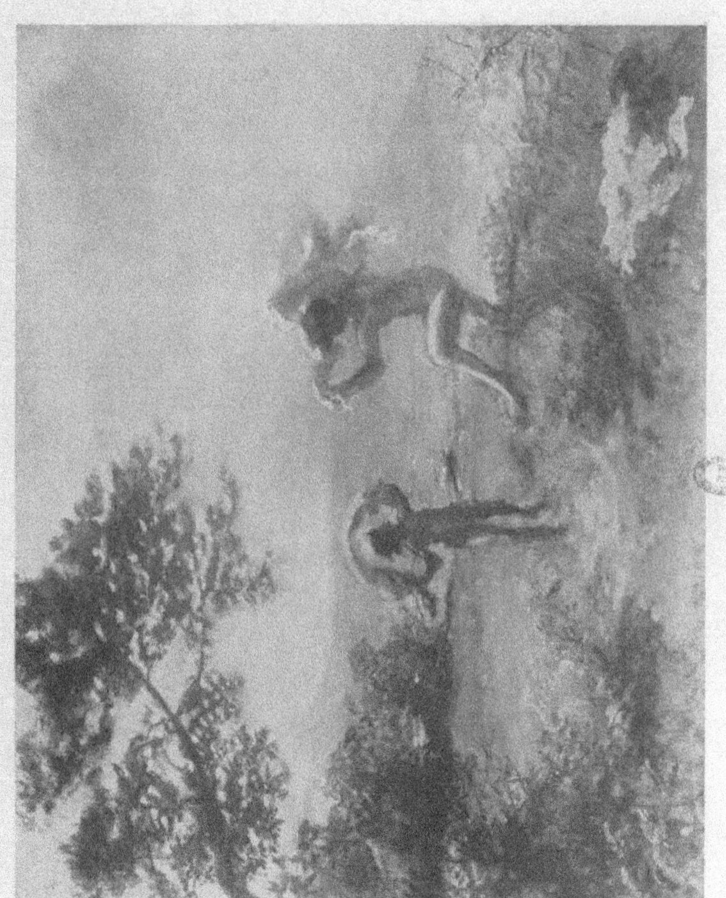

K.-X. ROUSSEL. — LA DANSE.

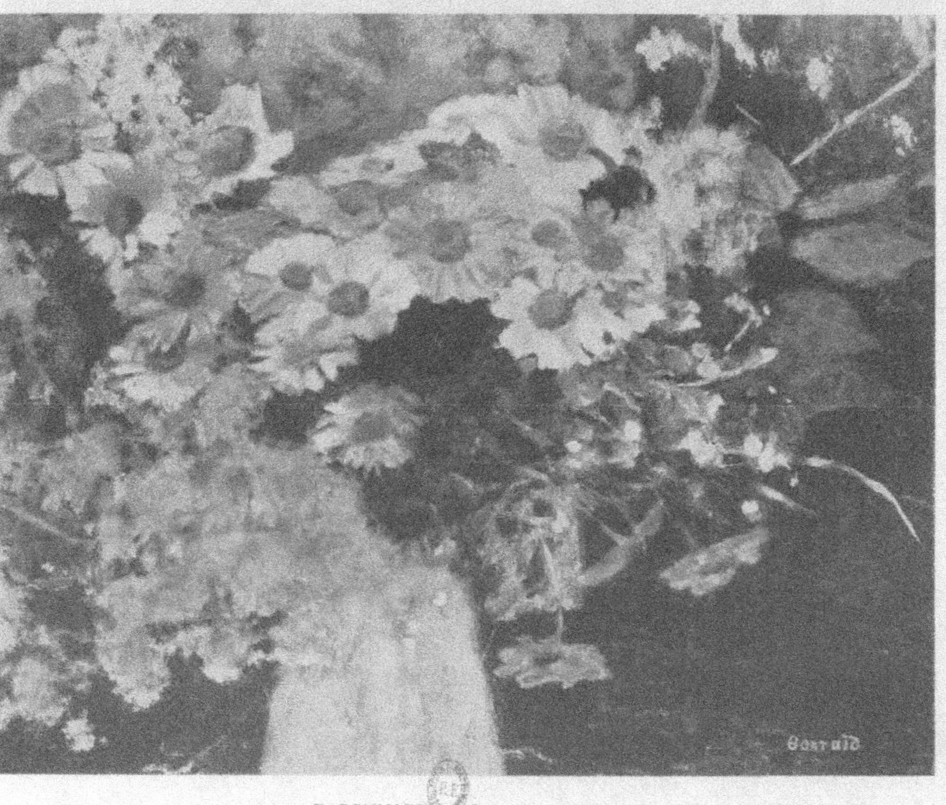

P. BONNARD — LES MARGUERITES.

une petite nymphe que je connais et qui hante l'étang de Ville-d'Avray. » (Renoir *narravit*). Roussel s'est également fait beaucoup de belles relations dans la suite ordinaire de Pan.

Voilà vingt-cinq ans, un quart de siècle, qu'il exposait pour la première fois un ensemble de tableaux après s'être décidé auparavant à laisser voir avec une modestie qui ne laissait pas que d'être un peu farouche, une suite de paysages d'une haute poésie, obtenue par les moyens les plus frugaux : quelques écrasements de crayon noir sur des papiers rugueux et légèrement rehaussés de pastel, où apparaissaient maints spectacles de nature avec leurs profondeurs. Ce n'étaient que des essais, mais ils enchantaient par l'affirmation, justement d'un poète nouveau. Depuis, à mesure que ses récoltes de notations, d'*impressions*, s'enrichissaient et se classaient dans sa mémoire sensitive avec sous les yeux le rappel constant du constant changement dans la nature, accourait et de jour en jour plus nombreux la troupe sensuelle et folâtre des chèvre-pieds, des vierges sauvages et des satyres enfants. Et rien n'était plus naturel, on peut dire moins miraculeux, car il serait contraire aux lois de la nature que si un grand peintre a créé en matière de paysage de nouvelles vérités, sur un fond éternel, les habitants n'y renaissent pas conformes. De même que la fonction crée l'organe, le site recrée les divinités sylvestres. C'est là ce qui a fait de Roussel, on ne le dit et on ne le dira pas assez, un artiste unique et opportun dans notre époque, comme Puvis de Chavannes l'avait été dans la précédente. Si nous le rattachons cependant à l'impression- nisme, c'est à juste titre, car tant par la vivacité soudaine de ses visions, que par la richesse de son coloris tirée directement de l'écrin de la pure nature, il est en même temps un peintre des plus directs et un poète spontané. Avec des personnages de la fable il est plus vrai que des paysagistes en prose qui peuplent de paysans leurs topogra- phies. Les légers voiles de pourpre ou d'étoffe de Cos dont se jouent plus que ne se vêtent ses hamadryades sont beaucoup plus en harmonie avec la nature que les blouses bleues et les guenilles terreuses. La robuste conviction de Millet et sa conception de l'hu- main nous rendent ses œuvres vénérables et émouvantes, mais qui de nous ne préférerait suivre Galatée, *lasciva puella*, jusque sous les saules que de rencontrer, à moins d'un appétit glouton, la bergère la moins lourde de Barbizon ?

Soit par la peinture soit par le pastel, Roussel avec une incroyable diversité d'accord, associe les manèges et les actions des demi-dieux aux effets somptueux ou frais des heures. Il connaît aussi l'allure et l'âme des arbres ; tous sont parlants et parlent toujours avec à-propos, depuis la broussaille propice aux ébats, jusqu'à la dignité ou au tourment du hêtre solitaire. En un mot, si son ami Maurice Denis a pu dire de Roussel qu'il « s'était affranchi de l'empirisme impressionniste » nous pouvons avec non moins de raison dire que c'est pour se livrer à un impressionnisme d'inspiration.

Aussi devait-il se trouver à sa place, à côté de Vuillard et de Bonnard parmi les grands impressionnistes qui leur préparèrent les voies, et les quelques tableaux de ses camarades qui se mêlent à ceux que nous venons d'analyser n'offrent-ils pas un moindre charme.

Deux figures endormies côte à côte et confondant leurs claires et délicates carnations sont étendues presque au pied des arbres en fleurs ; une nymphe avec un léger voile rose les contemple. Belle et simple donnée, scène entre toutes printanière.

Une clairière d'automne, aux terrains rutilants et broussailleux dissimulant quelques figures, est comme une grave fanfare d'instruments de cuivre, faisant opposition avec un ciel vert sur lequel s'élève et se détache un unique grand arbre.

Trois enfants ou adolescents se reposent à une heure matinale. Deux sont assis ; le troisième debout forme l'angle supérieur du triangle. Une belle lumière fraîche luit sur les épaules et les membres. Tout est verdoyant. Un vieux mur en ruine a paru propice à leur colloque, quelque fontaine ou quelque vestige d'un très ancien temple disparu.

Une nymphe est couchée dans un repli de terrain ; alors deux amours en très bas âge accourent attirés par un instinct qui ne saurait être trop précoce.

Une autre exécute la danse du voile avec pour partenaire le faune qui trépigne frénétiquement, fier du haillon rouge mal fixé sur son dos rugueux et brun. Un petit amour mène la danse (ou la danseuse) un autre se précipite du haut des arbres où il s'était indiscrètement niché.

Enfin un délicieux petit tableau de deux personnages qui semblent tissés en « fils de la Vierge » et qui pourtant vivent et dansent comme savent danser les sylphes dans une atmosphère fluide et argentée.

Voilà les données des poèmes dont nous goûtons ici les joies. Mais rien ne peut exprimer verbalement la beauté des contrastes de couleur, la saveur des saisons, le jaillissement des groupes éclos de l'air et de la terre. Nous avions toujours pensé que cet autre poète, Henri Heine, s'était trompé, ou avait fait un mauvais rêve en nous contant que la divine troupe des mythes grecs était exilée et grelottante dans une île de la Mer du Nord. Roussel dissipe le cauchemar, démontre l'erreur, puisqu'il retrouve les natifs de l'Hellade et de la Sicile vivant dans les plus clémentes et non moins attrayantes régions de Seine-et-Oise.

* *
*

Avec ces trois remarquables artistes qui représentent une importante partie de l'évolution immédiatement post-impressionniste, notre histoire aurait pu se clore et se conclure si elle avait été publiée dans les toutes premières années du présent siècle. Elle aurait formé un tableau en lui-même complet, puisque la collection offrait une suite harmonieuse et logique, sans viser à résumer la production et le mouvement extraordinairement touffus et multiples qui commençaient de présenter une effervescence dont on ne trouve guère d'analogues dans les époques passées, et que les époques à venir auront quelque peine à clarifier.

Mais le collectionneur a dû continuer de vivre avec son temps, et son mérite sera d'avoir discerné encore des figures représentatives de tendances nouvelles et, à la fois, continuatrices de celles qui étaient acquises et accomplies.

Les pages qui vont suivre seront donc un rappel des résultats et une amorce des attentes.

95

XI

L'IMPRESSIONNISME A TABLE

C'est un usage louable, plein de courtoisie, non dénué d'habileté, et que l'expérience a souvent démontré efficace, de réunir à table des personnes qui tout en étant douées chacune d'excellentes qualités semblaient difficilement conciliables, et même peut-être hostiles. Du tact et de la perspicacité du maître de la maison dépendent la possibilité et la réussite de tels rapprochements.

Grâce à la tasse de café qui, au dire de Voltaire « fait qu'on s'estime » à la fin du repas, l'on s'aperçoit que les malentendus n'étaient que des définitions insuffisantes, les antagonismes des analyses incomplètes, les inimitiés même des façons personnelles de s'exprimer et de comprendre les choses. On se découvre enfin des parentés ignorées.

Monsieur Canonne a résolument appliqué cette opportune méthode à une partie de sa collection. Il a rassemblé dans sa salle à manger quelques-uns des plus originaux artistes qui la composent, aînés ou jeunes, subtils ou véhéments, et la démonstration s'est opérée toute seule et de la façon la plus naturelle, et je dirai la plus spirituelle, des relations et des tendances que je me suis efforcé jusqu'ici de distinguer, et qu'il nous restera à suivre jusqu'au bout dans la dernière partie de cette étude.

19

Certes, si les goûts du collectionneur n'avaient pas pressenti ces accords et ces filiations possibles, si nous-mêmes nous passions brusquement et par quantités massives de Monet à Segonzac, de Renoir à Derain, de Bonnard à Vlaminck, le choc serait trop brusque pour ne pas déterminer des collisions de pensée, et les remarques les plus simples seraient jugées de simples paradoxes.

Ne nous sommes-nous pas jusqu'ici attachés à montrer les transitions entre les générations successives, par des analyses et des exemples suffisamment probants ? Or, les opinions en art (et ce n'est pas mauvais d'ailleurs pour stimuler les recherches) ne tiennent jamais assez compte des transitions. Mais c'est à l'historien et au critique de les retrouver après la mêlée, et de montrer aux combattants d'hier que sans le savoir ils luttaient pour une même cause. Notre système ne valait-il pas mieux que d'affirmer catégoriquement un lien puissant entre le point de départ et le point d'arrivée ? N'était-ce pas s'exposer à ne comprendre ni l'un ni l'autre ? Ainsi pourtant procèdent généralement le public, et même certains critiques, soucieux avant tout de faire du bruit de par le monde, fût-ce en se trompant avec énergie.

Or, ici, le spirituel mélange des convives invités à dire chacun son mot — mais pas plus ! — a opéré non pas ces réconciliations, mais simplement ces conciliations difficiles.

Renoir, Signac, Bonnard, Vuillard, Derain, Segonzac, Vlaminck, Roussel, ont été priés de donner leur avis sur les choses les plus belles et les meilleures du monde, c'est-à-dire les fleurs et les fruits sans avoir à discuter, comme on le fait trop souvent à la fin des repas, sur l'immortalité de l'âme.

Le résultat a été de faire paraître dès l'abord qu'ils avaient eu en commun beaucoup d'émotions ou de plaisirs divers, et quelles que soient les formes dans lesquelles ils les ont exprimés, il résulte déjà pour nous la certitude d'une harmonie, certitude qui ne repose pas sur des phrases littéraires, ou des tirades d'esthétique, mais bien sur notre sensation d'ensemble, qui est, comme toute harmonie, picturale, ou musicale, composée d'accords et de dissonances qui se répondent ou se succèdent mais qui sont indispensables les uns aux autres. En poussant l'examen un peu plus en détail, on en arrive à l'harmonie intellectuelle, morale, j'ose dire.

L'agrément que ces constatations nous procurent n'est pas le seul point de vue sous lequel nous voulons nous placer. Elles ne seront pas non plus sans utilité pour que nous puissions passer à la dernière partie de notre tâche, c'est-à-dire la question des enchaînements, actions et réactions, qui composent l'histoire de l'Impressionnisme et de ses suites à dater de Claude Monet jusqu'au moment présent. On veut, en un mot, faire rentrer dans cette esquisse d'histoire certaines manifestations de tempéraments que le passant superficiel (ou de parti pris, ce qui est la même chose, c'est-à-dire une même façon de manquer de clairvoyance et de justice), croit incompatibles. Tel croit ne pouvoir admirer Monet ou Renoir, et ne les honorer qu'en vilipendant Segonzac et Matisse. Réciproquement tel qui s'arroge la mission, en vertu de son âge, ce qui n'est pas suffisant, d'acclamer Matisse et Segonzac, laisse entendre à peu de chose près, que Renoir et Monet ont fait leur temps. D'ailleurs, il n'est point prouvé non plus que les mêmes maîtres, de leur vivant, auraient *voulu* comprendre leurs successeurs (en prenant ce mot simplement dans le sens chronologique).

Cela dit, nous allons, en attendant, les retrouver tous à table. Il est convenu qu'ils ne parleront pas des grands problèmes, mais qu'ils se contenteront de parler de fleurs et de fruits, et surtout, autant que possible, de les faire parler.

C'est dire qu'à cette occasion, c'est de la *sensation* qu'il s'agit avant tout. Qu'elle soit insinuante ou vigoureuse, éblouissante ou discrète, l'important c'est qu'elle soit.

Il faut bien reconnaître, quelques-uns le déplorent encore, et nous ne serions pas éloigné personnellement de nous ranger parmi ceux-là, que le seul objet de beaucoup de peintres et la seule compréhension de beaucoup d'amateurs ne vont pas au delà, ou guère. Il leur a suffi d'oppositions de taches violentes pour croire à l'œuvre d'art, puisqu'ils n'avaient aucun besoin de l'œuvre de pensée. Ces mêmes goûteurs de plaisirs rudimentaires ne voient dans Monet que les couleurs. Les plus savants pourraient même aller jusqu'à les nommer presque toutes par leur nom. Mais la sensibilité, la haute conception du monde, et de ses phénomènes, la conscience et la joie de peindre, comme on l'a dit (les sots en ont souri, jadis) des « portions de planète », échappent à ces spectateurs terre à terre. De même dans Renoir, la beauté des rouges leur parle plus sûrement que l'expansion amoureuse, portée à un degré qui a été rarement atteint dans l'art français, et répandue dans le moindre délassement du pinceau comme dans le tableau le plus accompli.

Il suffira donc, et nous pourrons presque, après cela, nous préparer à inscrire le C. Q. F. D. des mathématiciens, de montrer que les peintures réunies dans cette salle à manger si éloquente, ne nous ont pas seulement frappés par la sensation plus ou moins agréable — et même plus ou moins rude pour certains, — mais aussi par des qualités intermédiaires entre la sensation pure et l'expression poétique d'une sensibilité ; car alors nous aurons trouvé un lien doré entre ces *impressionnistes*, d'âges et de caractères si divers.

Il se trouve que par suite de la disposition même des arrangements, le regard se dirige tout d'abord vers un vase de fleurs de Renoir, et c'est justice. Il y eut en effet, une entente particulière entre Renoir et les fleurs. A toutes les époques de sa vie et dans toutes les circonstances il les fit participer à ses travaux, en guise de récréation, d'intermèdes, de gammes, et même de consolations et de confidences. C'est pour cela que dans l'avenir on en retrouvera traitées dans ses diverses manières : de précieusement caressées lors de sa période quasi-ingresque des *Baigneuses* et du *Nu* de la collection du musicien Emmanuel Chabrier ; de fortes et richement nourries du temps de la *Dormeuse* de la collection Durand-Ruel, par exemple certaine célèbre *Gerbe de lilas* ; de légères et de vaporeuses ; de fougueusement jetées jusque dans les derniers temps de sa vie. Le trait est célèbre que l'on a raconté et qui devient un symbole, de cette journée où, opéré, dans une maison de santé, aussitôt éveillé du chloroforme, et avisant sur la table de sa chambre des fleurs apportées par ses amis, il se mit aussitôt à les peindre.

Le tableau qui règne sur la réunion est tel : des roses sont dans un vase de porcelaine du plus charmant mauvais goût, un de ces vases ventrus, de Limoges sans doute, divisé en quatre ou cinq côtes bleues, de ce bleu à la Sèvres, entourant de grands médaillons blancs. Renoir a accepté cet objet avec une parfaite bonne grâce, et nous nous doutons bien que sa baguette magique devait immédiatement le faire paraître exquis. Les roses sont d'un incarnat splendide. Le tout est posé sur un rebord de mur dans quelque coin de parc où un peu de treillage vert s'amorce. L'éclairage est des plus complexes, faisant à la fois penser à l'atmosphère d'un jardin, et murmurer dans notre esprit le vers de Mallarmé

Une rose dans les ténèbres.

ténèbres claires, naturellement, car Renoir n'en eût pas imaginé d'autres.

Ce tableau est d'une facture soignée, et relativement robuste. Il en est de même d'un très beau bouquet d'*Anémones*, principalement des rouges, avec quelques blanches, dans un petit vase de cuivre, se détachant sur un fond atténué d'étoffe rayée perpendiculairement rouge et gris.

Autres jeux de fleurs, de moindre importance, mais non de moindre charme. Des roses encore, dans un petit vase bleu. Et encore trois autres roses dans un petit pot en verre à cabossures. Ces variations ne sont pas moins différentes tout en étant très rapprochées, que ne sont celles d'un musicien sur quelque suave thème favori. Je pense même que je pourrai faire un rapprochement encore plus précis, donner un exemple formel d'après une assez curieuse impression personnelle. Je le cite surtout parce qu'il constitua, à mon insu, une expérience psychologique assez inattendue. Pendant que je notais des indications sur ces diverses études de roses, je me surpris à chantonner intérieurement le thème du *Blümenstück*, de la *Pièce fleurie* de Schumann. Ce ne fut qu'à la réflexion que je m'aperçus avec surprise de cette suggestion et du phénomène purement physique, si subtil qu'il fût, en aucune façon littéraire, qui s'était opéré dans mon esprit.

J'ajoute à la part que prit ainsi Renoir dans la conversation supposée, trois petites pommes et une moitié de citron, une bagatelle, mais qui résume toute sa couleur comme le font chez lui ces mille et une menues improvisations, et qui montre que de tels peintres si merveilleusement doués rien ne s'échappe de forcé ni d'insignifiant.

Nous avons été amenés à remarquer en quoi Bonnard, Vuillard et Roussel doivent être considérés comme de la descendance de Renoir, et en quoi aussi ils paraissent différer de lui par les tonalités, les accords, les *modes* dans lesquels ils exécutent. Ces différences de coloris sont, en même temps qu'une certaine façon de ressentir, de fouiller les sujets, la raison de leur succès et du charme qu'ils exercèrent sur nous après un si grand charmeur. Si l'on a dit fort joliment que Renoir « peint comme l'oiseau chante », on pourrait dire d'eux que c'est à la façon dont l'oiseau fait son nid, avec toutes sortes de soins vifs et délicats. Renoir, tout en recherchant à plusieurs reprises des factures différentes, a toujours néanmoins les mêmes gammes et les a imposées à tous les sujets qu'il a traités, femmes, paysages, fleurs, etc., etc. Les jeunes peintres qui renouaient après lui la trame de l'impressionnisme sentimental, au contraire, se soumettaient aux harmonies propres aux sujets eux-mêmes. De là, une diversité très remarquable dans leurs peintures, mais qui n'altère en aucune façon leur accent personnel, leur *timbre*, comme on dit en parlant de ce qui permet de reconnaître un instrument ou une voix.

Vuillard, nous l'avons vu, donne aux accessoires et aux cadres de la vie une éloquence de recueillement des plus pénétrantes. Son exécution par taches juxtaposées mais reconstituant dès une très faible distance les décors, les attitudes et les physionomies dans leur atmosphère, avec une saisissante vérité, dérive indéniablement de l'impressionnisme. Son sentiment, sa conception de la vie, ou plutôt son affection pour elle, ne le cèdent guère à ceux des intimités hollandaises et du Chardin de la *Pourvoyeuse* et du *Bénédicité*.

Quant à Pierre Bonnard, on peut dire, à la condition de donner au terme tout son charme en même temps que toute son intensité, que son art est, pour lui comme pour nous, infiniment *amusant*. C'est lui qui, comme Renoir chez Gleyre, aurait pu dire à Cormon, chez qui il ne resta que peu de jours, et pour cause, que s'il ne s'amusait point, il ne ferait pas de peinture. Les aspects dramatiques de l'humanité, heureux garçon ! lui demeurent inconnus. Le tour de son esprit

est espiègle, mais cette espièglerie est pleine de tendresse ; son exécution est tellement subite et légère que pour certains spectateurs à
qui échappe l'agrément des sous-entendus, elle paraît négligée. Si
Vuillard, enfin, attire notre attention par une certaine piété infuse
dans les choses, Bonnard en fait ressortir ce qu'elles ont d'avenant ; il
en exprime la gaîté et la grâce. Et cela encore est de l'impressionnisme.
Aussi n'est-on point surpris que Monet l'ait volontiers accueilli, ainsi
que Vuillard, à Giverny, avec autant de sympathie qu'ils avaient mis
d'admiration à se trouver attirés vers lui.

Vuillard, assez complètement analysé plus haut, ne fera entendre
dans la réunion momentanée qu'une modeste, mais significative note :
des fleurs de plusieurs sortes, dans un vase sphérique sont posées
sur une nappe à grands quadrillages et ramages de couleur, et les
termes diraient mal, ou ne diraient pas du tout, ce qui se révèle
d'harmonieux et de vivant au plus rapide coup d'œil.

De la même nature, et baignée par le même courant, est aussi une
minute florale notée par K.-X. Roussel, à ce point que le premier aspect
pourrait la faire attribuer à Vuillard : des capucines, un œillet, sortent
d'un pot de terre brune, et nagent, semble-t-il, dans l'air, comme des
fleurs aquatiques dans la transparence d'un aquarium. Le même
sonnet de Mallarmé, à part la différence de matière du récipient
de terre vernissée au lieu de cristal, nous accompagne dans notre
plaisir devant ce petit bouquet

> *surgi de la croupe et du bond*
> *d'une verrerie éphémère,*

et rien n'est plus exquis également, dans cette même étude, qu'une
pomme de calville, lisse et vert pâle, de la plus rare délicatesse de ton,
qui s'est trouvée par hasard posée auprès de cette menue féerie.

Plus divers encore si c'est possible que nous l'avons vu tantôt, va
de nouveau se montrer Pierre Bonnard. Des objets usuels et des fruits
de la terre il fait de véritables fêtes. Il a pu arriver à Claude Monet
de profiter de l'occasion pour saisir les chatoyances dorées du faisan
qu'on vient de jeter sur la table de l'office, ou même de peindre le

« Saint-Honoré » du dimanche. Renoir plus d'une fois a été séduit par les étincelantes nacrures des poissons que des amis lui envoyaient de Marseille par le rapide de nuit et d'en saisir les fulgurances avec une prestesse inconcevable, — car il fallait que la bouillabaisse fût servie fumante à midi. Mais enfin, c'étaient des exercices de maître, d'admirables et même si l'on veut d'inégalables natures mortes. Avec Bonnard, ce terme d'ailleurs absurde et immortel (comme tout ce qui est absurde) n'a aucune espèce de signification. Il se dégage une vie attrayante de tout ce qu'il peint en ce genre même quand il exagère ou transpose délibérément les couleurs que tout le monde croit voir. Avec lui les cerises sont au besoin couleur de camélia et les oranges couleur de cerises. Il est vrai que c'est parce que l'entourage, les objets ou les supports juxtaposés l'exigent pour une harmonie imprévue. Tout ceci s'applique surtout aux peintures de « nature vive » qu'il a exécutées en ces trois ou quatre dernières années. Ce n'est pas seulement parce qu'il sait faire parler, babiller, scintiller ces fraîches nourritures et ces plaisants décors, que nous ne résistons pas à leur gaîté et à leur audace. La raison en est encore plus subtile et plus rare. Il s'établit entre les objets et les êtres qui s'en sont servis, s'en servent ou vont s'en servir, un échange joyeux et familier. Si cette gamine (toutes les jeunes femmes de Bonnard ont ce caractère affriolant de gaminerie, quel que soit leur âge) est attablée devant son repas amusant et frugal, ou vient de le laisser en désordre, ou est venue le grignoter en rêvant à quelque peu profond mystère, c'est tout un : il passe un courant auquel nous-mêmes participons. Le peintre nous invite.

Cette petite femme déjeune ou dîne — on ne saurait dire, quoique les persiennes soient fermées — cela dépend de ses heures. Seule. C'est la compagnie qu'elles préfèrent, n'étant pas obligées de se gêner. Elle est accoudée, et médite, ou se repose; un châle rouge est noué sans coquetterie par-dessus son costume d'un bleu sombre. Elle a mis le couvert tant bien que mal avec une moitié de la nappe à grand quadrillage bleu clair et jaune, l'autre moitié laissant libre le molleton écarlate en traditionnelle permanence. D'une harmonie très corsée le tableau est complet et vrai comme une chanson.

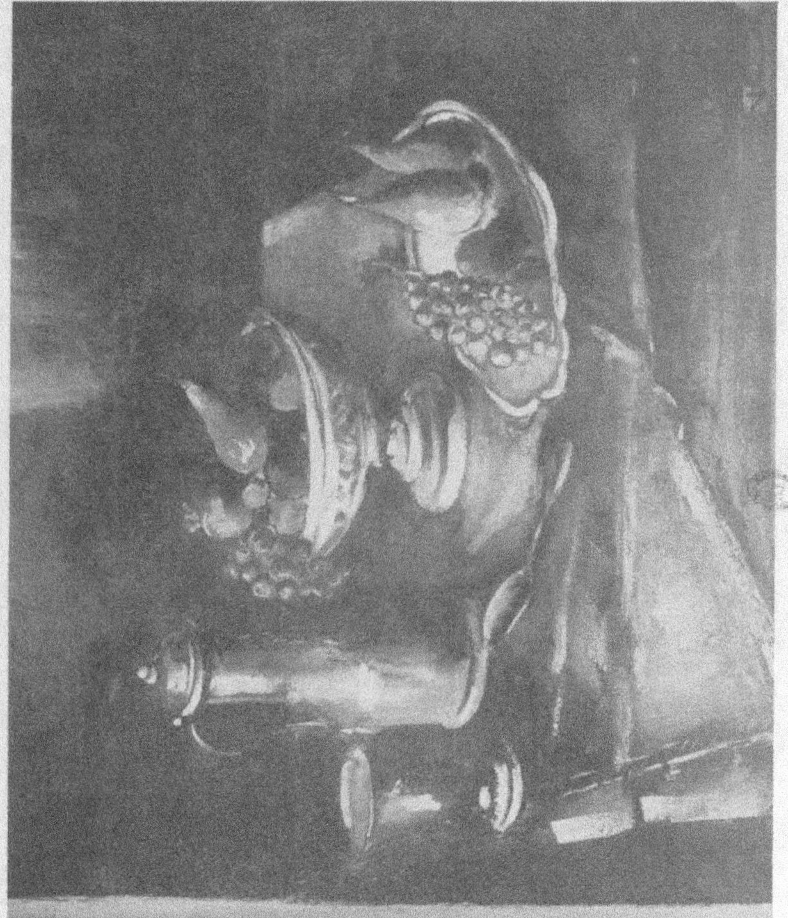

VLAMINCK. — Nature morte.

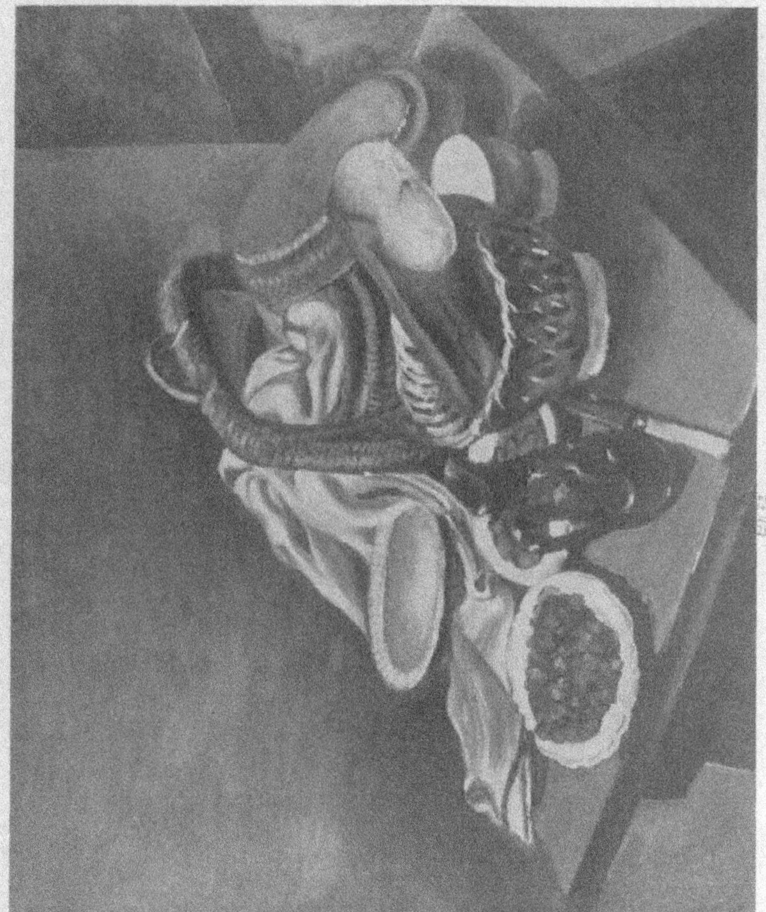

DERAIN. — NATURE MORTE.

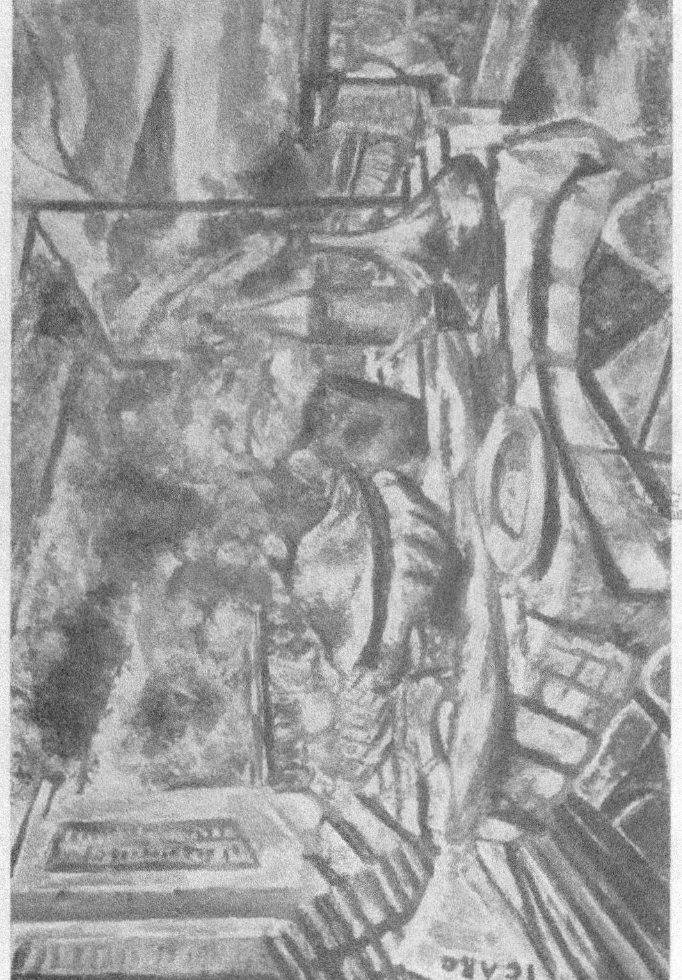

DUNOYER DE SEGONZAC. — Nature morte.

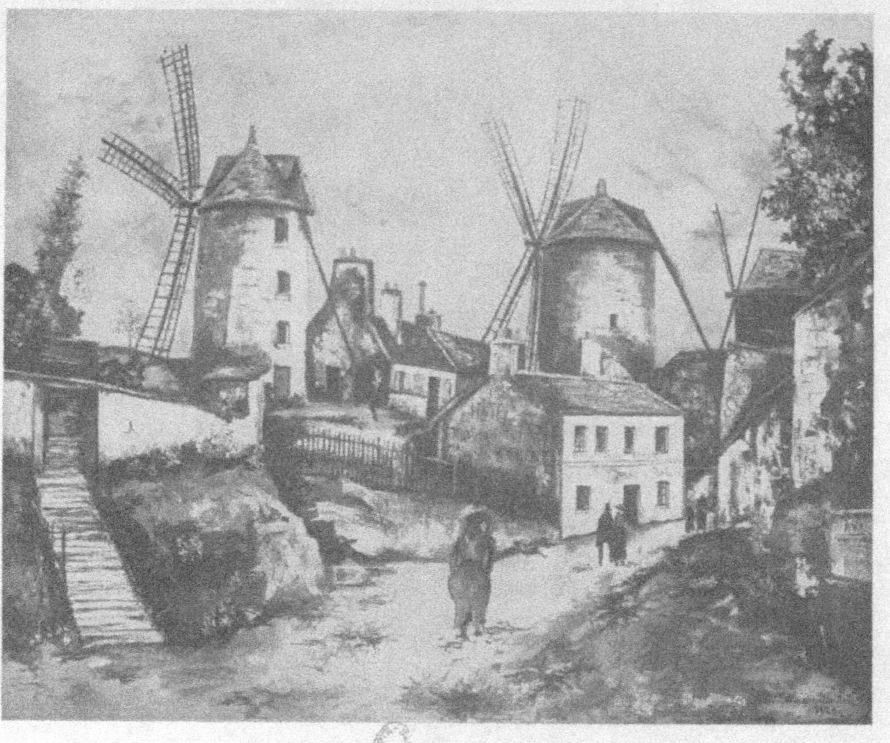

MAURICE UTRILLO. — LES MOULINS DE MONTMARTRE AVANT LA NAISSANCE DU PEINTRE.

Une autre scène, importante comme format et difficultés résolues, nous donnerait raison quant à notre remarque sur la solitude. Cette fois une jeune femme a un interlocuteur en même temps et un convive (habituel ? je ne sais). Le repas est terminé. Le couvert a été écarté sans ordre sur un côté, en avant, de la très grande table qui les sépare de tout son diamètre. Les objets sont admirablement dans leur rôle muet, racontant à leur façon le geste avec lequel on les a repoussés, pour ne pas se donner la peine de se lever et continuer la conversation (ou l'aborder enfin ?). Toujours est-il que l'entretien languit ou se réserve fort. Elle, en peignoir bleu clair, et pelotonnée sur elle-même, soucieuse. Souvenirs repassés ? Projets ? Moments difficiles ? On peut supposer l'un ou l'autre, ou le tout à la fois. Mais il est peu de tableaux d'une intimité mieux sentie. La lampe à pétrole projette sur la nappe une lumière dorée assez forte pour faire contraste avec la pénombre, si douce pourtant, qui règne dans la pièce. On pense encore à Verlaine... Rien de plus étroitement confondu que les éléments divers du tableau, personnages pensifs et accessoires si expressivement touchés et avec tant de délicatesse. Voilà comme il faut peindre les « natures mortes » ! Dans sa spirituelle nonchalance (ou apparence de nonchalance) Pierre Bonnard parvient à nous retenir devant une petite scène de la vie domestique autant qu'avec leur parfaite minutie tels ou tels Hollandais.

Mais voici une autre page de gentil et puéril roman peut-être encore plus vive et plus exquise dans son enjouement et sa familiarité légère. C'est un déjeuner, un déjeuner extrêmement frugal. La petite personne, rousse, en corsage bleu, est assise à sa table ronde, devant une assiette qui contient une sardine, pas grande, même pour une sardine. Tout en avant, au premier plan, des raisins et une orange. Cela se passe dans une pièce dont le mur rouge fait un fond richement assourdi. La jeune femme, si sobre par nécessité ou par goût, la seconde supposition est plus vraisemblable, car elle sourit vaguement, n'est pas seule. Mais comme son partenaire lui convient ! C'est un chat blanc, *le* chat blanc, le comique chat blanc qui se raidit sur ses pattes contre elle, et qui ne paraît pas autrement satisfait du menu. Mais elle pense bien à cela ! Les séductions claires de la couleur sont indicibles. L'art de Pierre

Bonnard fait de la profondeur avec la futilité, et pour les objets sa couleur si complexe, si gaie, si *animante* n'est pas moins sorcière que la force inconnue qui, dans les célèbres contes populaires japonais, fait soudain courir la théière transformée en renard.

Diverses peintures qui vous rendraient exclusivement frugivores et vous feraient haïr les jambons les mieux peints complètent cette heureuse collection de Bonnard. (Ne serait-ce pas encore quelque affinité entre Renoir et Bonnard ? Car Renoir a bien joyeusement peint ses poissons d'argent et d'or, mais peu de volatiles et pas du tout de viandes.) Ce sont : des oranges et des mandarines dans un pot du midi, bilobé, avec une anse dans la forme de celles des paniers, émaillé rougeâtre, de la plus vive couleur ; — une corbeille de fruits, pommes, oranges, raisins, sur une nappe, avec deux œufs, et au fond, sur le mur bleu une desserte que surmonte le bas de gravures encadrées ; — puis une réjouissante assiette de cerises sur une nappe bleue, devant un mur moucheté multicolore, d'une réussite exceptionnelle.

Il n'est pas moins brillant ni moins imprévu comme peintre de fleurs, les disposant à sa manière toujours neuve. De charmantes fleurs rouges et blanches déchiquetées. Puis, très beau bouquet de tulipes et de pivoines dans un cornet blanc, placé sur une nappe à carreaux rouges et blancs, entre une théière en métal et une tasse avec sa soucoupe en porcelaine jaune clair, de l'exécution la plus légère. Enfin, et j'en oublie sans doute de non moins aimables, mais pas du moins les *Marguerites*, car leur apparition, pourtant si discrète, est inoubliable.

Ainsi, la parant de fleurs, la nourrissant de fruits, la peuplant de bibelots auxquels on s'attache, l'animant de présences féminines, Bonnard, pendant la conversation des hôtes que la collection a réunis pour se concilier et pour que nous les comprenions, aura été un des plus fins et des plus lumineux causeurs. Il aura sans étiquette été un impressionniste indéfinissable, capable de donner la réplique à Renoir et d'alterner avec Vuillard. Tout ce qu'il a dit venait à propos dans une histoire de la peinture moderne, faisant admettre les charmes de l'improvisation sans tomber dans la négligence, et surtout, ce qui est d'une extrême importance, comme on va le voir avec des invités singulièrement différents, affirmant ce qu'il y a peut-être de plus caractéristique dans l'art de notre temps, la légitimité *de la loi des transpositions*.

Sans doute il sera difficile de passer, du point de vue critique, des peintres que nous venons d'écouter à ceux que nous allons entendre dire leur mot. Toutefois un peu d'attention montrera que l'invitation n'était pas si périlleuse.

Pour Signac, qui figure ici modestement mais de façon qui le caractérise assez, il n'y a point de choc brusque. Il apporte deux démonstrations de la touche divisée et des ressources qu'elle peut fournir à la douceur comme nous le lui avons vu faire à l'énergie. Ils ont même, ces deux bouquets de tulipes, l'un de jaune dans un pichet décoré, l'autre de trois rouges et une jaune dans un pichet bleu, des tons effacés de tapisserie. L'arabesque l'a d'ailleurs sollicité plus que la couleur, et ce sont des expériences qu'il faudrait étudier comme telles.

Mais avec Vlaminck, Derain et Segonzac, voici une orchestration nouvelle et qui, si on juge trop vite, et sur la sensation immédiate, paraîtrait la négation de tout ce que par quoi nous avons défini les acquisitions, possibilités et limites de l'impressionnisme. C'est une orchestration d'une nature spéciale, et qui par elle-même et par le rôle qu'elle joue dans la réunion dont traite le présent chapitre, pourrait assez être comparée au groupe orchestral des instruments à percussion.

Observons tout d'abord que la présence de ces peintures se jouant presque exclusivement dans les tonalités brunes, ou assombries, ne nous ont pas du tout choqués en entrant à l'improviste dans la salle. Elles se reliaient sans peine aux vives polychromies de Renoir, aux complexes mélanges de Bonnard. Une plus attentive analyse de cette première sensation — j'accorde qu'il faut qu'elle soit *très* attentive — nous permettrait de suggérer que cette façon d'harmonie très spéciale ne tient pas à l'apparence colorée. Elle la relègue même tout à fait à l'arrière-plan. Elle réside dans les propriétés mêmes de la construction, de l'ordonnance, de cette façon de construire et de disposer qui est l'abolition de celles auxquelles les traditions classiques, académiques plutôt, avaient accoutumé et façonné les yeux et les esprits.

Elle consiste à accepter les choses, leurs volumes, leurs plans et leurs places tel qu'ils se présentent immédiatement à nous. Evidemment dirait une énorme sottise celui qui soutiendrait que cette conception renvoie au rebut l'*Ecole d'Athènes*. Il ne manque pas d'ailleurs de néophytes qui se considèrent comme très forts de le dire, de même que, d'autre part, beaucoup d'autres ont apporté à la cause de Raphaël des renforts dont il n'aurait pas fait grand cas. Constatons simplement, pour commencer, que cette manière de trouver la construction où elle se rencontre au lieu de la refaire systématiquement, donne *en peinture* des résultats saisissants et nouveaux et qu'ils ont sans peine montré l'inanité du *cubisme* proprement dit. Enfin que tout cela rentre absolument dans la définition et le domaine de l'impressionnisme.

De plus, il y a entre le sentiment même qui anime une nature morte de Derain ou de Vlaminck et celui qui fait tressaillir une peinture de fleurs de Renoir et de fruits de Bonnard, infiniment moins d'écart qu'entre ces ouvrages différents et ceux qui se conforment aux préceptes des manuels.

Reste la question des *transpositions* dont nous avons à l'instant dit un mot. Mais elle ne saurait être étudiée d'assez près dans ce chapitre et il la faut réserver pour quand nous allons faire connaissance plus approfondie avec les trois artistes nouvellement nommés dans ces pages.

Contentons-nous de décrire le plus simplement leurs ouvrages qui se rencontrent en la compagnie qu'il n'était pas, on l'avouera, jusqu'ici inutile de supposer.

Trois poissons sur une assiette rudement juxtaposés ; — d'autres assiettes de divers fruits, un pichet, deux pommes ; — un pichet, trois gros oignons, une écuellée de prunes ; — des fleurs traitées en sommaires rosaces ; — autant de morceaux assez sauvagement affirmatifs, nous mettent en présence, mais incomplètement, avec Vlaminck. Nous verrons ce que cela nous réserve.

Derain nous apparaît plus volontaire, — alors que Vlaminck plus impulsif, — dans surtout deux natures mortes en brun majeur. L'une est en perspective ascendante : sur une table, sont un panier, une corbeille contenant un pain, un bol, un pichet, un couteau, des assiettes

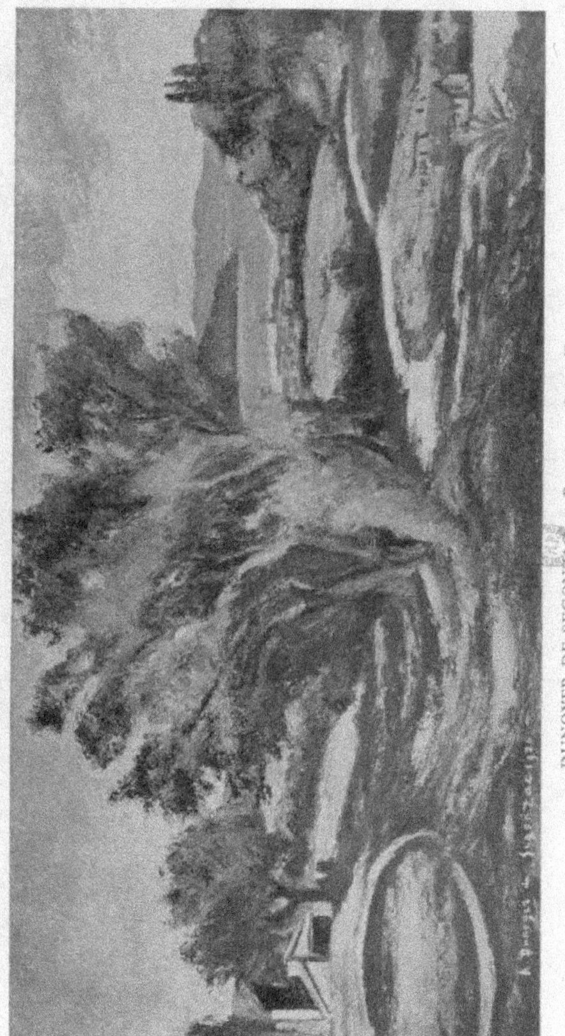

DUNOYER DE SEGONZAC — Paysage a Saint-Tropez.

à contenus divers ; le tout est bousculé, mais cependant groupé de façon assez serrée. L'autre, au contraire en ordre dispersé montrant divers objets analogues, des pains entamés, un verre, des pommes, des œufs, a les mêmes forces de relief, la même autorité, contre laquelle on pourrait se cabrer d'abord, mais qui vous retient. C'est déjà un signe nullement négligeable. Nous le retrouvons dans deux ou trois autres peintures analogues du même artiste. Nous sommes prévenus qu'il nous sera difficilement explicable, mais non moins difficilement indifférent.

Reste Segonzac. Une magistrale peinture qu'on ne pourrait sans ridicule affubler du nom de nature morte, prend part de façon si vraiment impérieuse à l'entretien que nous finirons sur elle.

Sur la terrasse d'une villa qui surplombe une rive, et dont on voit la porte et une partie de fenêtres, le couvert a été mis sur une nappe à grands quadrillages : une soupière, une carafe, une bouteille de vin blanc, un pain long, un bouquet de roses. Le journal a été jeté sur le banc vert de jardin adossé à l'entrée de la villa. Les branches d'un arbre voisin abritent en partie ce dialogue d'objets reliés entre eux avec un naturel, une vraisemblance que la vie seule peut donner. Aucune arabesque cherchée. Une couleur franche, diversifiée sans notes stridentes, mais le tout « clair comme le jour », cependant que l'on pense à une conversation interrompue ? Non ; car il n'y a qu'un seul couvert ; alors à un repas soudain abandonné ; et rien d'anecdotique non plus dans cette étrange et si vraisemblable scène de théâtre qui n'est pas théâtrale. C'est sur cette œuvre capitale que se termine l'entretien. Il a résumé l'évolution déjà accomplie de la peinture impressionniste, et il nous prépare à de nouveaux aperçus, mais non point à des contradictions, ni même à de trop grandes surprises si nous avons pu saisir les rapports et suivre les enchaînements.

XII

« LEURS ARRIÈRE-NEVEUX
LEUR DEVRONT... CES CLARTÉS ».

« *What's in a name?* » dit la Juliette de Shakespeare, ajoutant que
« ce que nous appelons une rose, n'aurait pas, sous quelque autre
nom, un parfum moins suave ». Bien qu'il ne s'agisse pas d'amour
dans ce livre-ci, et que nous n'ayons parlé, occasionnellement, que
de fleurs qui s'adressent seulement au plaisir de nos yeux, nous répé-
terions volontiers, pour les artistes qu'il nous reste à rencontrer :
« Qu'y a-t-il dans un nom ? » Ce qu'il y a ? Le plus souvent des malentendus et de confuses polémiques que le temps emportera, en laissant
survivre les œuvres qui en vaudront la peine.

Les mots *impressionnisme* et *impressionniste* sont de ceux qu'on a
cru très clairs à la fois et très limités. Ils ont dès le début causé de ces
méprises puisqu'on qualifiait tels des peintres comme Degas, qui ne le
fut jamais et Renoir qui ne le fut qu'à sa manière.

Mais le *mouvement* dit impressionniste s'est étendu infiniment,
puisque nous avons vu surgir jusqu'à un impressionnisme officiel,
un « impressionnisme d'Ecole » et que, d'autre part, si nous avions
à définir exactement un artiste de qui le tempérament, les possibilités
et les tendances sont de rendre directement et par les moyens les plus
immédiats ses *impressions*, le dérivé du mot nous viendrait immédiatement à l'esprit.

III

C'est pourquoi, d'une part, les personnes qui ne sont pas au courant des distinctions, des discussions d'ateliers et des classifications de critiques, ou qui auraient le bon sens de n'en pas tenir compte, ne s'y tromperaient pas et donneraient aux œuvres que les préjugés et conventions de l'époque croient les plus différentes entre elles, le nom même que nous avons donné pour titre à cet ouvrage.

Et, d'autre part, ceux qui comme Monsieur Canonne, par un goût inné et par la clairvoyance qui doit seconder toute véritable passion artistique, ont réuni aux grands impressionnistes des successeurs en apparence très séparés, ont obéi à une logique cachée (du moins à certains yeux), et ont démontré la continuité d'une évolution simplement en en marquant par des œuvres les étapes.

Enfin, nous-même, pour écrire sur des exemples si divers, une sorte d'histoire de l'impressionnisme tout en étudiant une collection exceptionnelle, nous nous sommes appuyé sur cette observation, ou sur ce principe, comme on voudra, qu' « on est toujours fils de quelqu'un », pour rattacher les conséquences aux actes et les effets aux causes. Il nous reste à démontrer, comme nous l'avons fait dans les chapitres qui précèdent, que sans l'impressionnisme, les peintres actuellement en vue n'auraient pas été à même d'être ce qu'ils sont, c'est-à-dire des impressionnistes sans cette étiquette, des post-impressionnistes, puisqu'ils sont ou maîtres ou serviteurs de leurs impressions, et qu'ils ne sont ni académistes, ni symbolistes, ni cubistes, ni surréalistes.

*
* *

Justement le premier qui se présente à nous est celui que l'esprit superficiel refuserait particulièrement d'admettre dans notre classification.

Il s'agit de Maurice Utrillo.

Son art est, au premier coup d'œil, opiniâtre, acharné, n'admettant pas l'à-peu-près, donnant à la construction générale une rigueur, à tous les détails une égalité d'importance, qui, dans l'ensemble, donnent l'idée d'un travail de patience. Et pourtant déjà un examen plus attentif et un retour sur nous-mêmes nous font nous rendre compte que

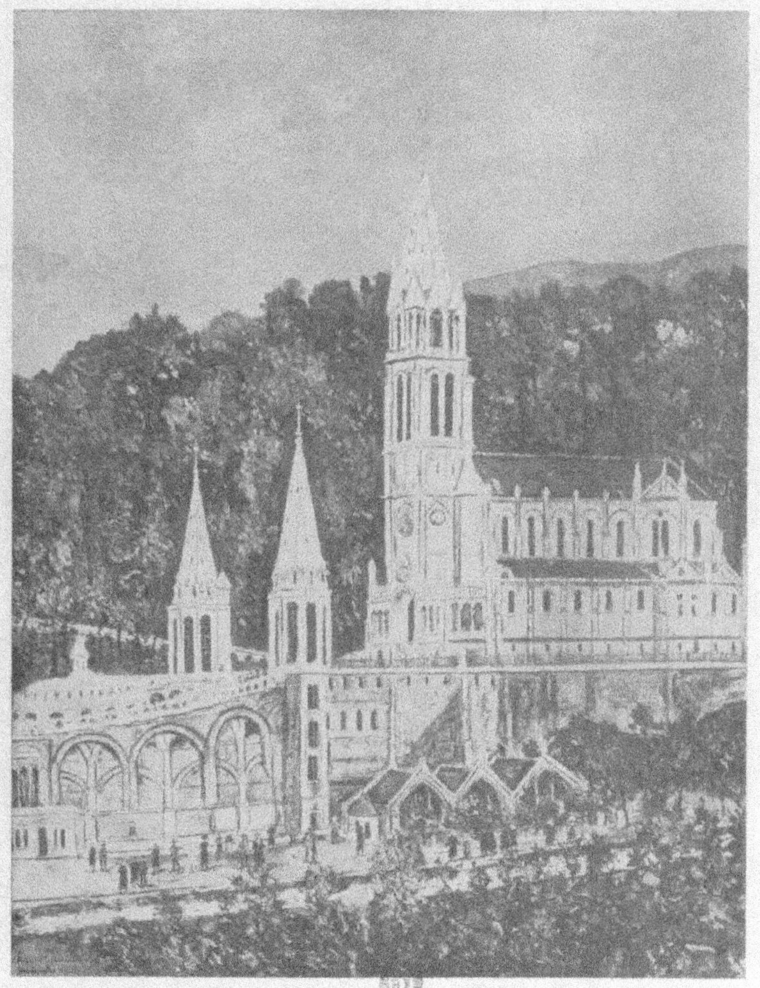

MAURICE UTRILLO. — BASILIQUE DE LOURDES.

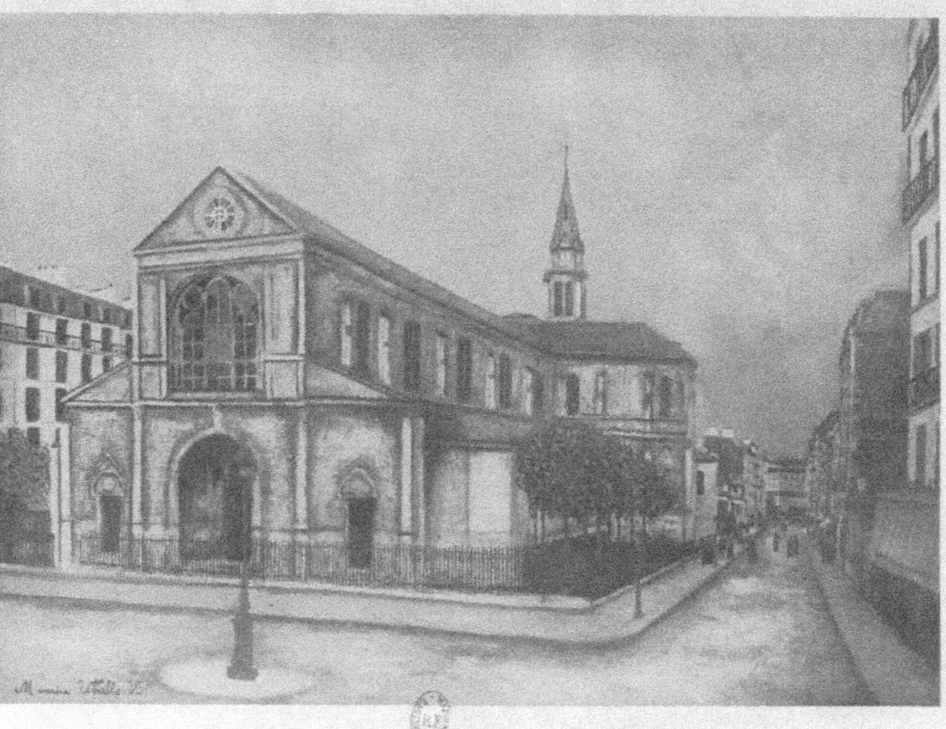

MAURICE UTRILLO — Église de Clignancourt.

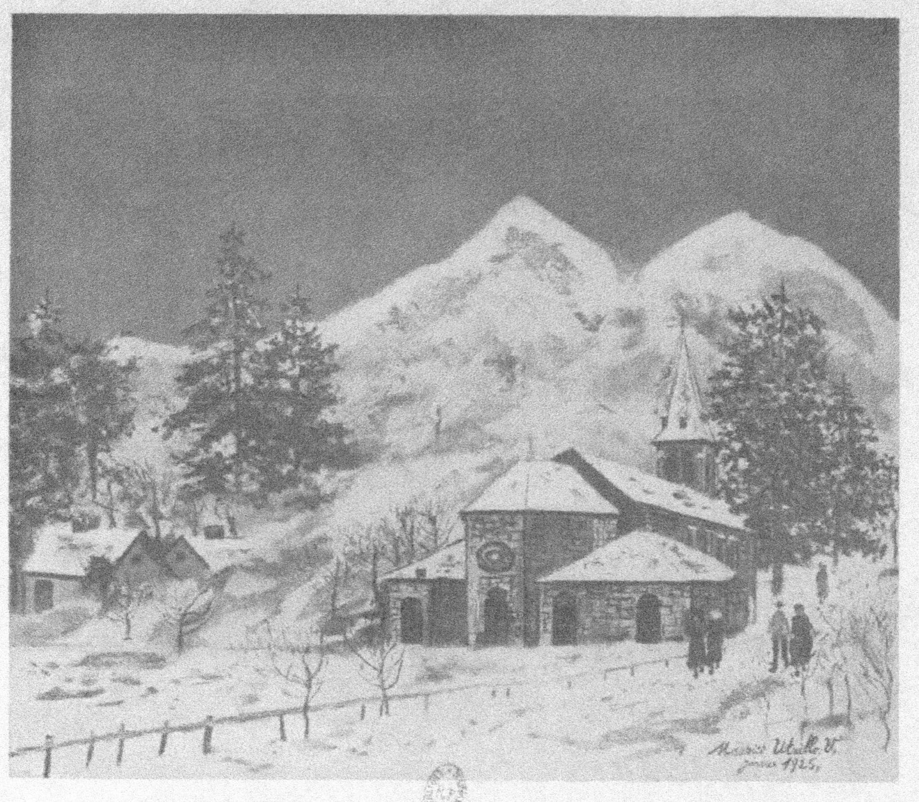

MAURICE UTRILLO — L'ÉGLISE EN HIVER.

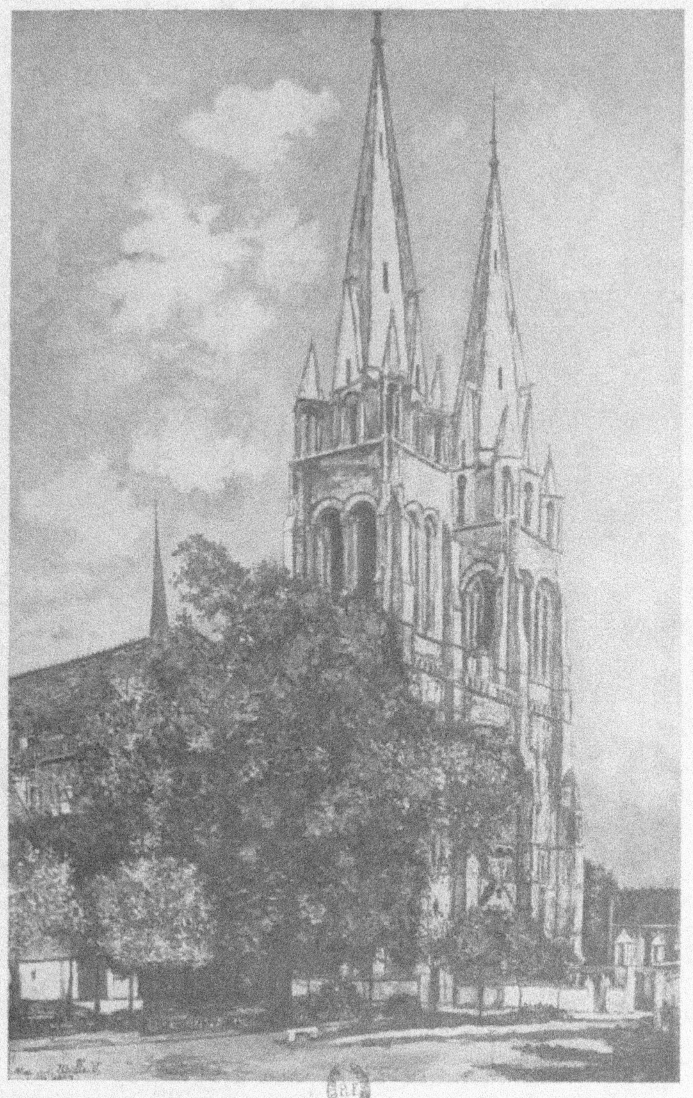

MAURICE UTRILLO. — CATHÉDRALE DE MOULINS.

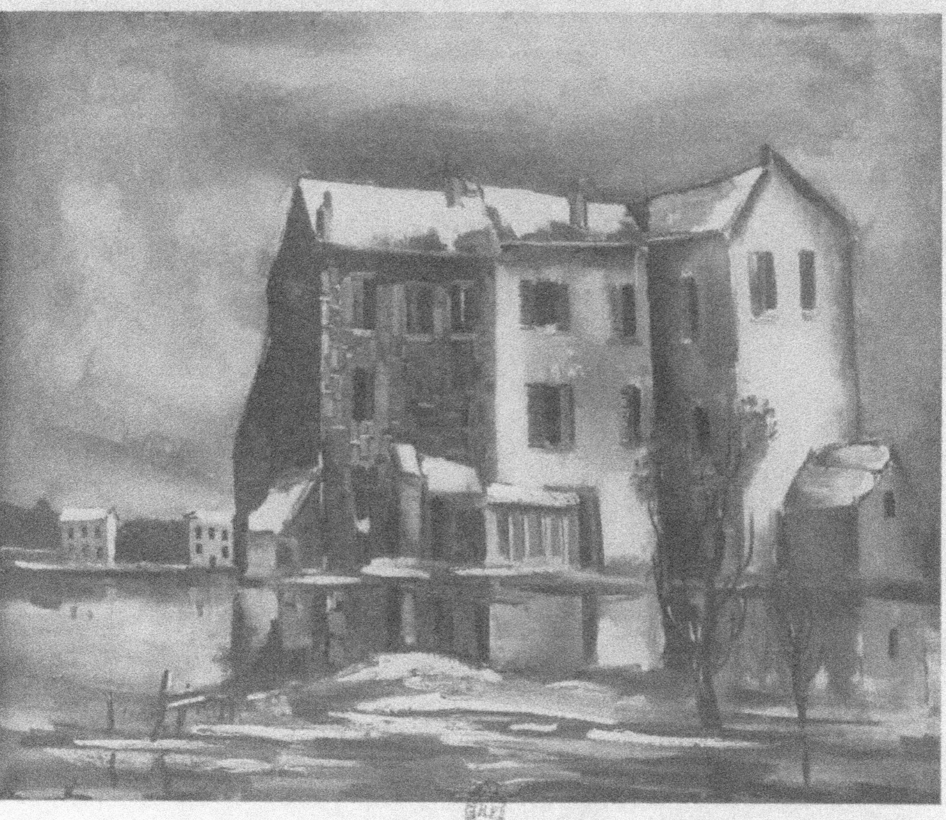

VLAMINCK. — Inondation a Bougival.

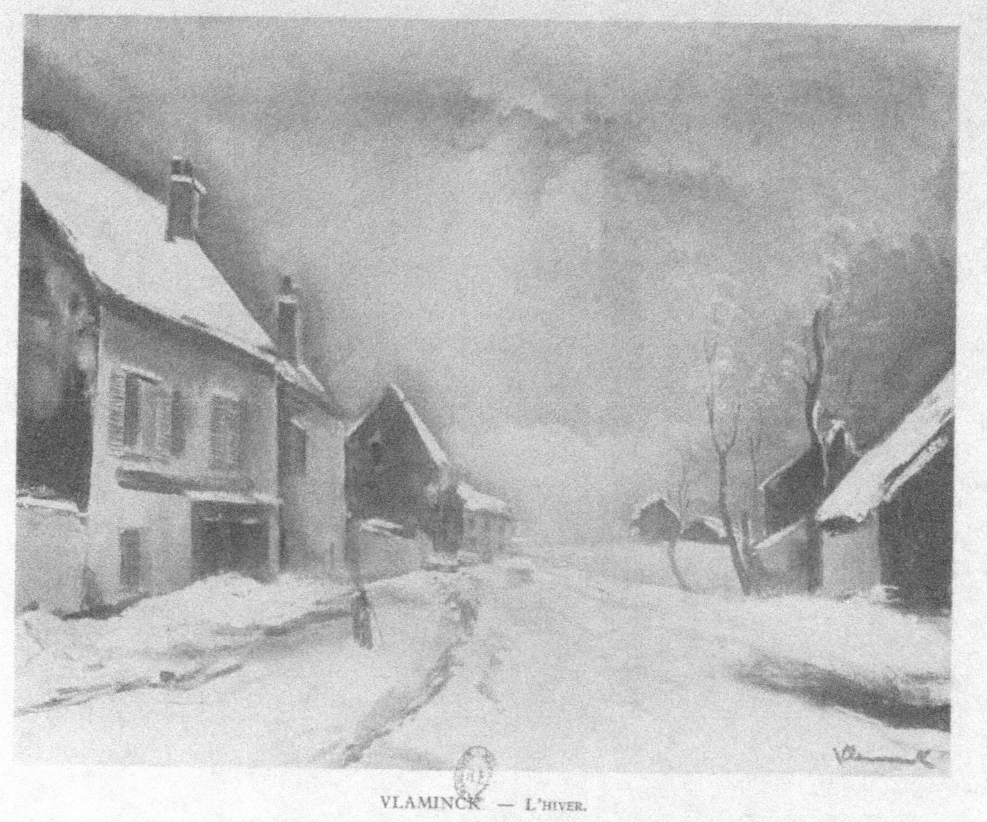

VLAMINCK — L'HIVER.

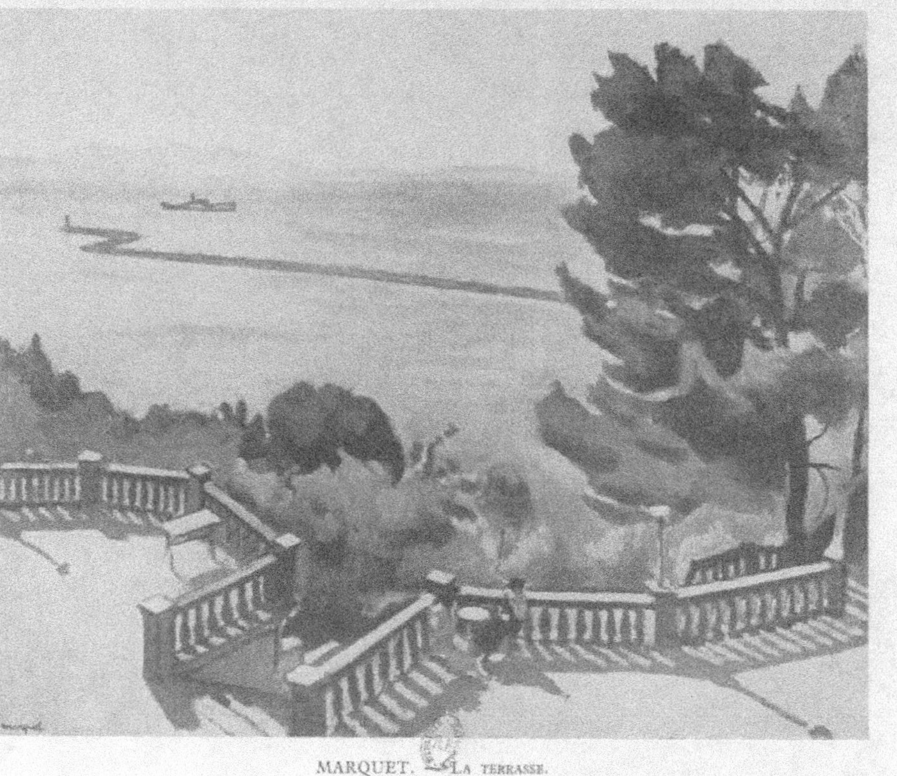

MARQUET. — LA TERRASSE.

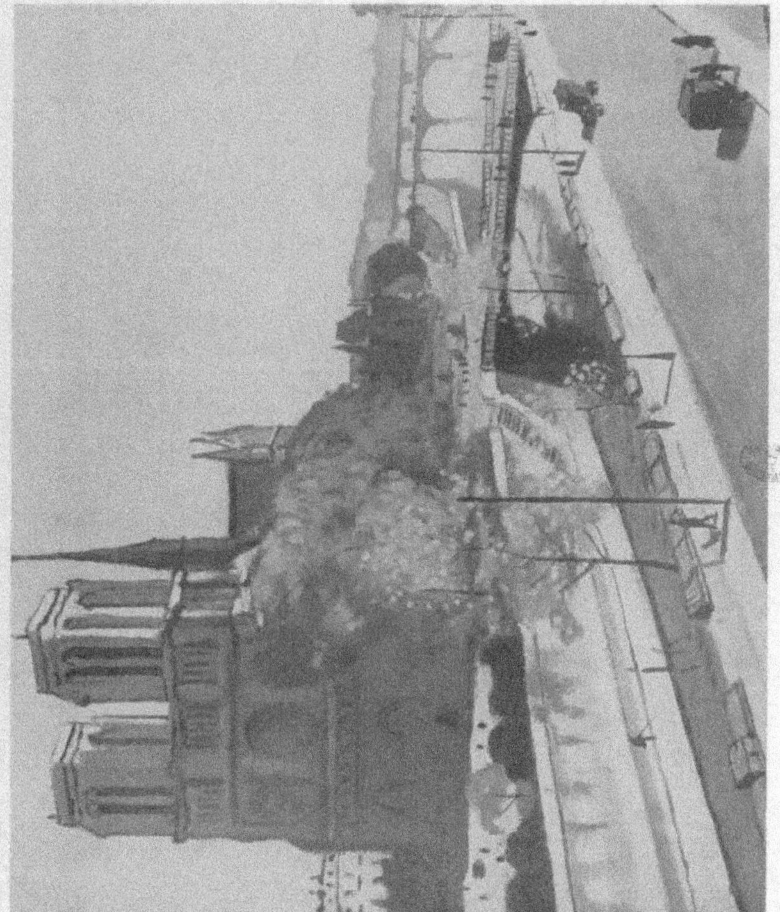

MARQUET. — NOTRE-DAME DE PARIS.

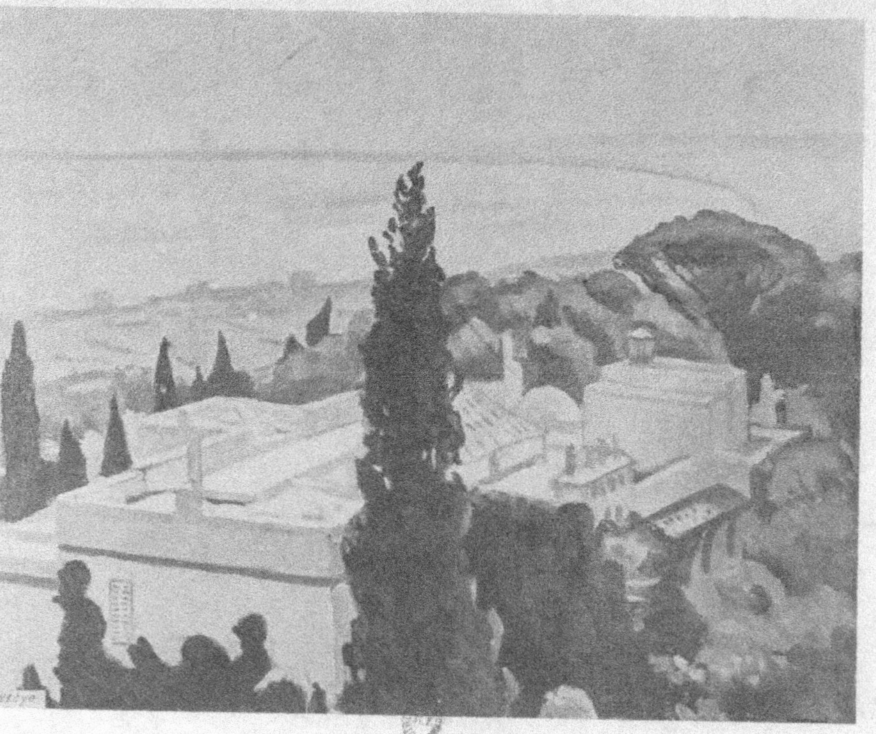

MARQUET. — ALGER.

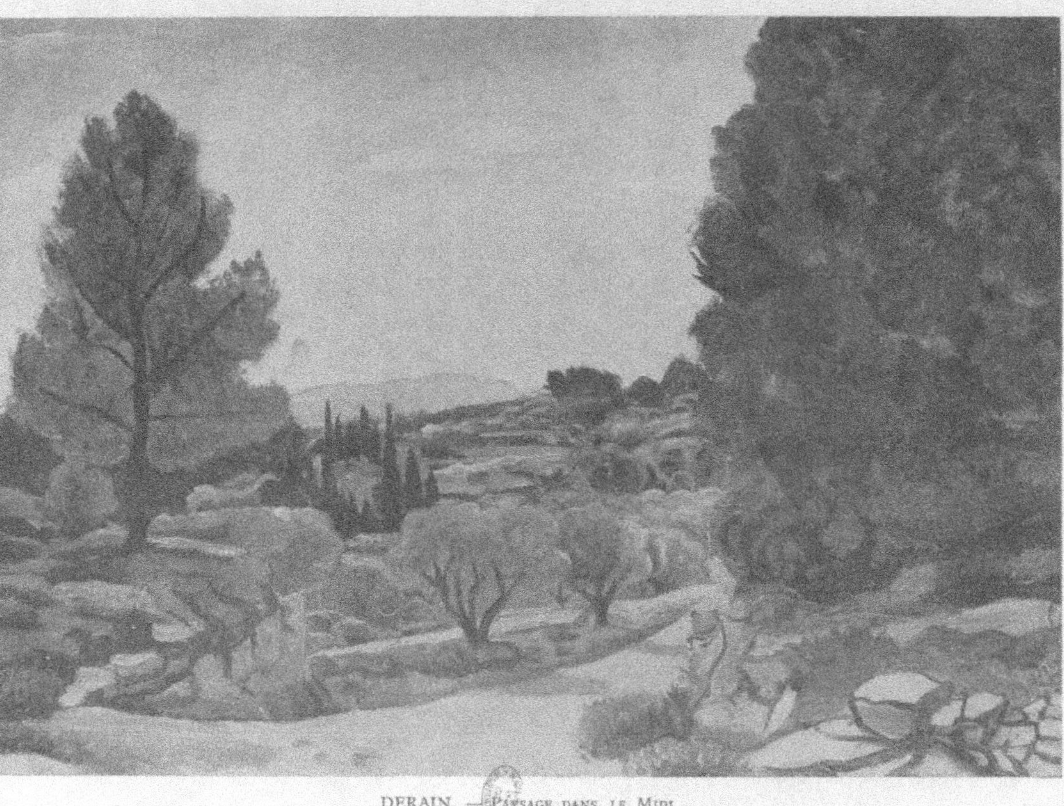

DERAIN. — PAYSAGE DANS LE MIDI.

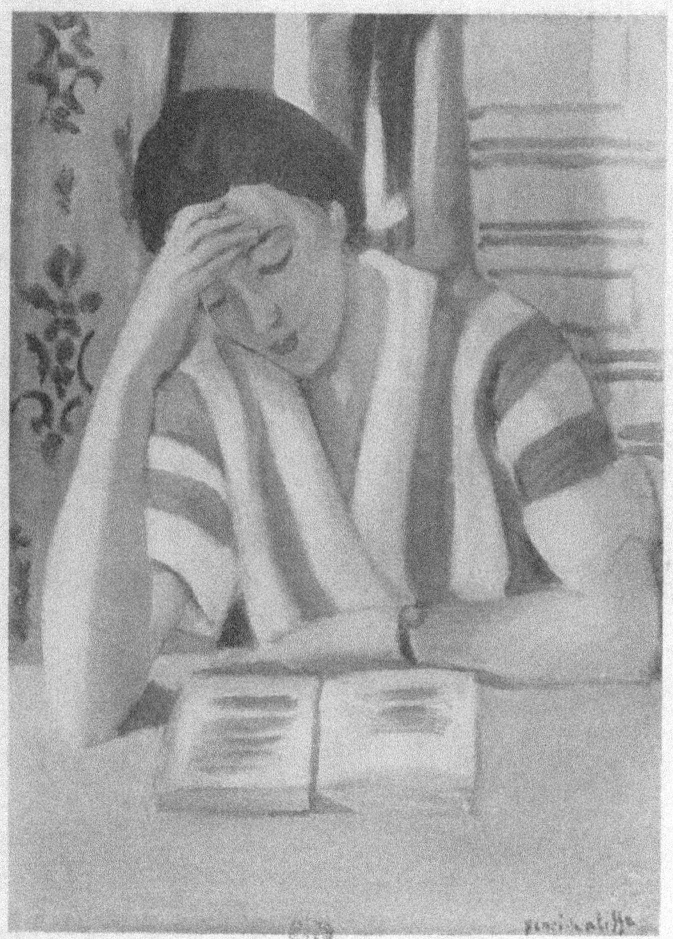

HENRI MATISSE. — La lecture.

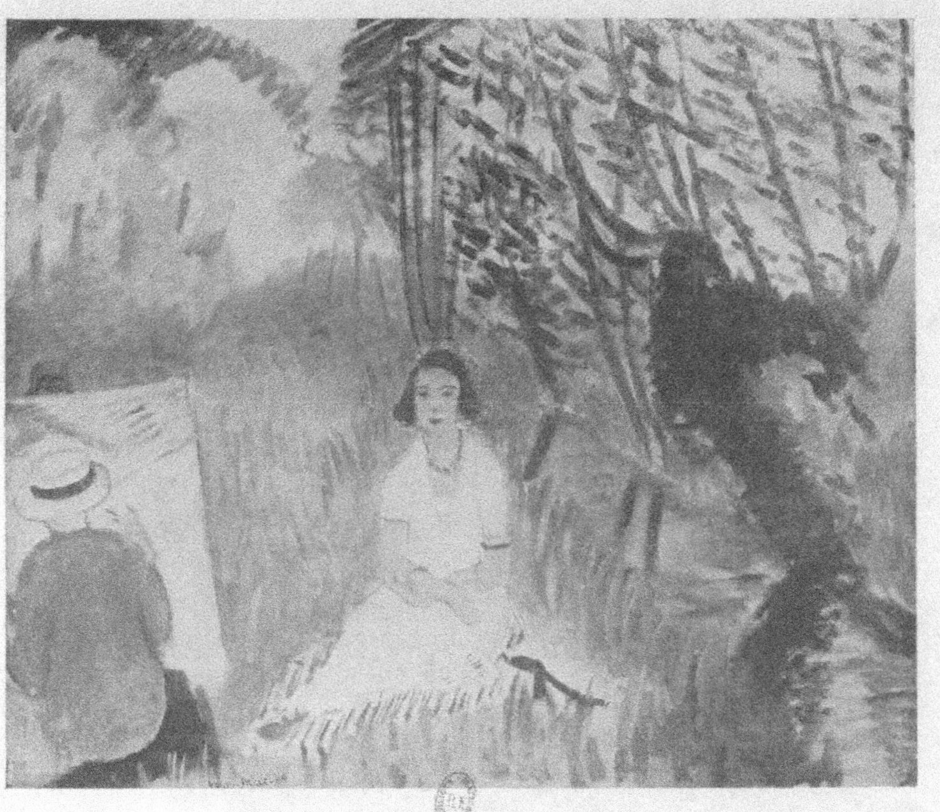

HENRI MATISSE. — LE PEINTRE ET SON MODÈLE.

malgré cette minutie où l'œil semblerait devoir s'égarer, nous avions reçu une très nette sensation d'unité. De là nous pouvions conclure que cette sensation avait été la première même qui avait mis chez lui la machine artistique en mouvement.

Or, qu'apprenons-nous de son biographe, M. Tabarant, qui ne nous a rien caché de sa formation, de ses fatalités nerveuses — et autres — ainsi que, ce qui surtout ici nous importe en regardant ses œuvres, de la façon dont il les produisait ? Enfance chétive, maladie, choyée certes, mais impulsive, et fouettée précocement par une irrépressible tendance à l'alcoolisme. Rien de cela ne paraît dans les lignes générales de son œuvre, et ce serait une analyse hors de propos dans notre étude purement esthétique tandis qu'elle pourrait trouver sa place dans un travail médical, que de discerner les éléments qui reviennent à la physiologie de ceux qui suffisent à nous causer un plaisir des yeux.

Nous retenons seulement de tout ceci, que nous avons déjà quelque peine à abréger, les traits que voici. Le jeune homme se met à la peinture non sans résistance ; puis elle le prend peu à peu, et assez rapidement pour qu'à travers toutes ses tribulations elle ne le lâche plus. Une extrême délicatesse d'organisation en dépit de tout, et une continuité en même temps qu'une *rapidité* extraordinaire de travail. Pas de maître ; son instinct seul, qui déjà le différencie. Seulement une admiration obsédée, enfantine (comme tout en lui), passionnée enfin, *pour Sisley*, qui le hante et le stimule.

Au besoin, dans les périodes de traitement, il peindra des motifs et des édifices d'après des cartes postales, et ces travaux ne seront pas très facile à reconnaître des autres d'après nature. Cette rapidité, cette nervosité, « sous le signe de Sisley » comme on dit, si elles ne sont pas le fait d'un impressionniste tout pur et sans étiquette, c'est que les étiquettes sont toutes puissantes contre le bon sens.

Quelque surprise qu'on éprouve d'apprendre que telle grande peinture avec la multiplicité des détails, arbres, fenêtres et volets des maisons, perspectives compliquées, n'a demandé qu'une séance, il faut se rendre à l'existence du phénomène si singulier qu'il soit.

Mais de la jonction de cet impressionnisme naturel avec l'impressionnisme « historique » il existe dans la collection Canonne un remarquable témoignage, en même temps que charmante œuvre d'art, le *Paysage de neige* qui par son caractère purement naturiste, tranche si vivement sur le caractère architectural de la grande majorité des autres œuvres.

Citons quelques-unes des principales parmi les très nombreuses et typiques que présente la collection. Une très curieuse, importante, naturiste aussi, et sans doute des premières années, est la grande *Vue des Moulins de Montmartre*, fantaisistement interprétés avec leurs couronnements pointus d'un rouge vif, dominant un terrain très accidenté et luttant de vigueur avec une maison blanche, le tout d'une couleur corsée, dans des gammes très différentes des fameux *blancs* utrillesques.

Puis, dans la note très connue, indéfiniment répétée et variée, toujours avec un saisissant intérêt : *La Rue des Poissonniers* s'étendant à des kilomètres désespérants. Une autre rue bordée d'atroces « maisons de rapport » avec les boutiques de marchands de vins et l'impitoyable perspective obligée. Une autre très saisissante chose, toujours dans ce sentiment de simplicité poignante, cette ingratitude de certains cadres où évolue la monotonie humaine : l'*Eglise de Clignancourt*, à portail cintré surmonté d'un pauvre vitrail ; une rue latérale presque déserte, sans fin ; deux chétifs jardinets de chaque côté, clos de grilles qui prétendent s'opposer à d'invraisemblables déprédations. Diverses autres églises, province, faubourgs ou banlieues tout aussi éloquentes, dont la description serait aussi fastidieuse que l'intérêt en est dramatique. Une église romane, très simple.

Une *Notre-Dame de Lourdes* (y fut-il jamais ?) soignée, précisée, « montée » comme un jouet compliqué, non moins attachante. Très superbement attristante aussi, une cour d'hospice absolument dépourvue de tout détail particulier, triomphe de cet art inexplicable, ou plutôt qui n'a pas besoin d'être expliqué.

Dans une toute autre note, mais aussi parfaitement typique, le célèbre cabaret à la *Tourelle rouge* qui évoque à la fois toute la population chantée par Bruand, Tyrtée des apaches, et certains épisodes de la vie du peintre même, à oublier en présence de son œuvre. Un dernier exemple d'une saveur, on dirait presque d'une odeur encore plus prononcée, est ce cabaret de barrière *A la Pêche miraculeuse*, fleur de la grande vie de « la zone », empestant l'alcool et le vice, avec ses palissades, ses rouges caboulots, ses chevaliers errants à casquettes et ses « dames » à croupes hypertrophiées. Tout cela se résume, paradoxalement, dans un mot qui étonnera et qui pourtant est le seul capable d'exprimer ce qui a fait l'attrait de cet art : *la candeur* !

Et rien, pour terminer cet aperçu de l'œuvre de cet impressionniste inconscient et candide, toujours délicat dans son égarement, égaré dans sa délicatesse, ne vaudra ces vers recueillis par le biographe que nous avons cité, et qui disent un des secrets de son âme de peintre. On les rapprochera avec curiosité du fameux sonnet de Rimbaud sur la couleur des voyelles :

> Lors le *bleu* est divin et l'ennemi du mal,
> Le *jaune* est jalousie et parfois fat, banal,
> Le *rouge* est infernal, vivant, et puis féroce,
> Le *vert* est espérance, et *rose* doulce noce.

* * *

Un autre peintre s'offre maintenant à nous qui contraste autant qu'on le peut imaginer avec ce nerveux instinctif. C'est Vlaminck, passionné, outrancier, débordant de volonté, au jugement décisif et rapide, résolu à ne se contenir en rien, et par cela même déployant toujours le maximum de sa force, au besoin sur les mêmes harmonies qui jamais ne le rassasient. Il s'est peint lui-même avec un relief dont on ne saurait trop lui savoir gré puisqu'il nous met à même de le comprendre et de lui mieux rendre justice, dans son livre : *Tournant dangereux*, sorte d'autobiographie et de profession de foi où il ne ménage ni les choses, ni les gens, ... ni les termes, mais plein de franchise, d'art rude et sain, et de vibration humaine.

Après avoir lu ce livre, on reconnaît qu'il ne pouvait faire d'autre peinture, et cela donne à sa production la qualité primordiale d'être la plus sincère expression d'un tempérament, donc impliquant une valeur d'art qui plaît ou qui ne plaît pas, mais qui est.

Fils d'un musicien lui-même caractère original, il nous décrit son enfance en plein air, ses premières envies de peindre « en balbutiant, exclusivement pour lui, et pas plus », ses performances de coureur cycliste, son entrée au régiment où, placé dans la musique, il a tout loisir de commencer vraiment sa formation intellectuelle, si bien commencée par sa préparation physique. Il lit « Hugo, Zola, Maupassant, les Goncourt, Alphonse Daudet, et aussi les philosophes : Pascal, Diderot et aussi les matérialistes allemands : Büchner, Moleschott, Karl Marx, — et encore Kropotkine et Le Dantec... » A la bonne heure, voilà un programme, et croyez bien que ce qu'il y aura d'énergies dans son tempérament de peintre se trouvera entretenu et stimulé par les éléments les plus robustes de ces lectures. Autre trait, qui n'est pas non plus à dédaigner, Vlaminck collectionne les images d'Epinal et même les chromos (les plus naïves bien entendu, et non les prétentieuses) et cela l'entretient certainement en spontanéité et en belle humeur. Rentré « dans le civil », après avoir perdu un gagne-pain provisoire dans l'orchestre du Château d'eau il ne fait plus que donner des leçons de violon, sans quitter (heureusement !) Chatou et le Vésinet, où il s'en donne à cœur joie de peindre « en négligeant les conventions du métier de peintre ». Et ici, encore il est vraiment entraînant à lire, je dirai même à *voir* peindre : « Je haussais tous les tons, je transposais dans une orchestration de couleurs pures tous les sentiments qui m'étaient perceptibles. J'étais un barbare tendre et plein de violence. Je traduisais d'instinct, sans méthode, une vérité non pas artistique mais humaine : j'écrasais et gâchais les outremers, les vermillons qui pourtant coûtaient très cher, et que le père Jarry, marchand de couleurs au coin du pont de Chatou, me vendait à crédit ».

Eh bien, autant je hais l'affectation de passions non ressenties, autant j'aime un vrai sauvage faisant vraiment de la peinture sauvage. C'est pour cela que, prévenu jadis en faveur des premières peintures de Vlaminck rencontrées chez le Comte Doria, puis un peu déconcerté plus tard par une certaine avalanche, à la Galerie Bernheim alors rue Richepance, de tableaux que corsaient extrêmement qualités et défauts de ces œuvres de début, je me suis repris, devant l'ensemble qu'a réuni la collection Canonne, à en apprécier non sans allégresse les fortes qualités, dépassant de beaucoup les défauts qui ne sont après tout que la marque d'un tempérament si loyal.

Il suffira d'en décrire quelques-uns pour se rendre compte de la valeur de ce rejeton déchaîné de l'impressionnisme, ou plus exactement — ce qui exprimera le mieux la théorie soutenue au long de ce livre — *de l'esprit impressionniste.*

On passe plus brièvement sur certaines œuvres de recherche un peu cézanienne : maisons groupées en étagement, dans des masses de verdure, avec dans le haut, une sorte d'ermitage ; les maisons à toits rouges et bleus, et, particularité de composition que nous rencontrerons assez souvent, deux arbres flexibles encadrant le site, de droite et de gauche ; — puis, autre de même allure, maisons au bas d'une côte, deux arbres à droite et un à gauche formant le support du motif. Ces peintures et quelques autres sont exécutées principalement avec le pinceau. Plus tard, le couteau à palette, voire la hampe des brosses se mêleront, selon l'entrain, — à ce travail de façon nullement systématique.

Vlaminck aime peindre les grandes bâtisses blanches dépourvues de tout caractère, et à qui il en donne par la façon dont il les attaque et les maçonne. Il en présente la masse résignée soit directement, soit en perspective oblique, le long de quelque chemin de banlieue plus ou moins bien entretenu.

Voici une de ces habitations vue « de trois quarts » avec son pignon blanc cru, son toit rouge, un enclos rougeâtre qui la sépare d'une large allée bordée de gros arbres et longeant un étang, où sur la rive du fond un rideau de feuillages est percé de petites maisons très blanches. Il est certain qu'une fois le peintre parti, tout cela retombera dans un silence insignifiant, mais la peinture conserve la teinte et le langage de cette sorte de mélancolie féroce qui est une particularité des plus attachantes chez l'homme qui s'est assis là un moment pour l'assouvir à grands coups de tubes.

Cet étang a d'ailleurs reçu plus d'une fois sa visite. Il en a fait le tour, variant sa place et le rôle des arbres qui sont vraiment drus et solides, et auxquels, en les faisant fougueusement s'élancer de terre, il semble avoir adressé de rudes et affectueuses paroles, comme on fait à un gros chien favori. Les diverses vues de ce coin avec son eau bleue, lourde et plate sont des variations intéressantes sur les notes de son calme relatif.

Mais avec lui nous revenons plus souvent aux maisons âpres ou rechignées, aux routes accablantes, en un mot aux motifs dont l'hostilité nous attire et nous empoigne.

Exemples. Au pied d'un éperon bizarre et brusque, une association de vieilles masures contournée par un chemin grimpant. Entre ces maisons une ruelle profonde qui doit suinter toutes les humidités de la côte. On n'aimerait pas à s'engager dans cette venelle, non par crainte, mais parce qu'on sent qu'elle n'est et ne doit être faite que pour les habitants, et que l'on ne les connaîtra jamais.

Une rue de province, en revanche, où je ne puis m'empêcher de sentir vivre son terrible roman l'*Adrienne Mesurat* de Julien Green, avec toutes ses tortures mornes et tour à tour exaltées, passant entre ces maisons rouges ou blanchâtres, certaines avec de puériles perrons, les espionnages derrière les persiennes fermées, puis au fond le bâtiment blanc, officiel, qui annonce avec des vraisemblances égales une sous-préfecture ou un hôpital.

Un moment d'une joie encore un peu furibonde : un village en été, tout au bout de moissons roussies sous un ciel bleu dont quelques nuages ne font qu'exaspérer plus étouffante la chaleur.

Mais voici les deux plus beaux et expressifs de toute la réunion.

Au milieu de la crue d'une rivière, se dressent sur la berge envahie trois hautes bâtisses attenantes entre elles qui tiennent de la fabrique et de la maison ouvrière, l'une rouge sang de cheval, et les deux autres grisâtres avec des persiennes parfois bleues, d'un bleu trouble. La troisième est en équerre et est pourvue d'un piètre appentis. Des arbres sans feuilles pateaugent en avant de ces « demeures » où l'on n'aurait guère envie de demeurer. Sur l'autre rive, au fond, deux petites maisons, l'une blanche, l'autre rose, se détachent nettement. Si jamais paysage n'a pas eu besoin de personnages pour nous renseigner, c'est bien cette *Inondation à Bougival*.

Enfin un des plus puissants et des plus barbares effets de neige

qu'on puisse citer dans toute la peinture moderne. Rue de village ;
quatre maisons à droite dont une avec boutique, tout cela clos et
calfeutré ; à droite d'autres maisons plus misérables, qui semblent,
elles, mortes de désespoir, entre de maigres arbres pauvrement empa-
nachés d'un peu de givre. La neige (rudement étalée au couteau) ne
fait paraître que plus ignobles les ornières boueuses entre lesquelles
s'indique une figure de paysanne, debout. Cette route court vers un
enfer de pays où tout se brouille, brumes et ciel encore chargé et prêt
à s'abattre de nouveau comme sur une proie. Ah ! la poésie de la
neige ! Demandez à la bonne femme ce qu'elle en pense...

Ainsi s'est exprimée l'âme heureusement indisciplinée de l'artiste
qui ne peut, qu'il plaise ou qu'il rebute, suivant le spectateur,
laisser indifférent.

* * *

Cette force expansive, Segonzac, que nous voyons ici prendre
sa place toute naturelle et logique, a commencé naguère par la déverser,
à ses débuts, avec trop de compacité et une certaine monotonie. Mais
bientôt il ne tarda pas à établir plus distinctement ses plans, à construire avec plus de grandeur, à diversifier davantage sa palette, en
la gardant aussi corsée, le tout au plus grand profit de son large sens de
la nature. Nous avons déjà vu tout à l'heure une nature morte d'une
exceptionnelle importance. Deux grandes et belles toiles sur un même
thème, une ample vue dans le Midi, accidentée de coteaux, de champs
entre lesquels une route serpentante, et, au centre, un bouquet
d'arbres d'une débordante luxuriance, le représentent à souhait en tant
que paysagiste, comme une sorte de Théodore Rousseau effréné, —
donc impressionniste, d'un point de vue que nous retrouvons sans
peine comme conséquent avec notre système de noter, sans doute, les
plus diverses *apparences*, mais aussi de constater la permanence
d'un principe de *mouvement*.

* * *

C'est pour cela que nous passons maintenant, des plantureuses
complexités de la matière mise en mouvement par Segonzac, à la

119

simplicité austère de celle d'André Derain, déjà rencontrée dans le rendez-vous de la salle à manger, avec les grandes peintures d'objets qui principalement le représentent dans la collection. Ses autres tableaux sont un solide paysage; puis des études de nus de petite dimension et une tête de femme d'un caractère sérieux. On n'aura pas de peine à trouver dans les publications dites « d'avant-garde », terme qui n'est pas demeuré aussi clair qu'il parut à un moment — puisque nous sommes en présence d'artistes en possession du succès, — des études sur André Derain. Un critique a apprécié avec justesse cette peinture « consistante, antidécorative, objective et directe, à laquelle des bruns roux, et de simples terres confèrent une belle solidité ». Comme je suis opposé à toute critique exempte de ces exceptions que la sagesse des nations a dit confirmer les règles (si tant est même qu'il en demeure) je ne ferai aucune difficulté à reconnaître que l'art « solide » de Derain est maintenant plus de calcul que véritablement d'impression.

⁎⁎⁎

En revanche, je retrouve une dérivation de l'impressionnisme pur dans les quelques paysages qui nous sont ici offerts, de Marquet. Sa personnalité est d'une originalité incontestable, mais elle a été sinon constituée, du moins aidée, par les acquisitions de certains des fondateurs de l'impressionnisme. Sa qualité propre est une justesse exceptionnelle des tonalités. Il donne aux tons généraux très simples et très clairs que tour à tour il dégage des spectacles qu'il a sous les yeux, toute l'éloquence dont la couleur, ramenée à sa plus simple expression, est susceptible. Ces grands à-plat, qui semblent à peine modelés et qui rappellent les procédés de l'aquarelle lorsqu'elle ne s'égare pas dans de mignardes et trop sucrées minuties, suffisent à évoquer l'atmosphère de chaque climat en même temps que les caractères de forme, d'agencement, de construction et d'harmonies, en un mot, propres aux divers pays dans lesquels il a planté son chevalet. Mais d'autre part, cette *clarté* remarquable, précieuse, aurait-elle pu s'imposer aux yeux et aux esprits, si Renoir, Monet et Sisley n'avaient

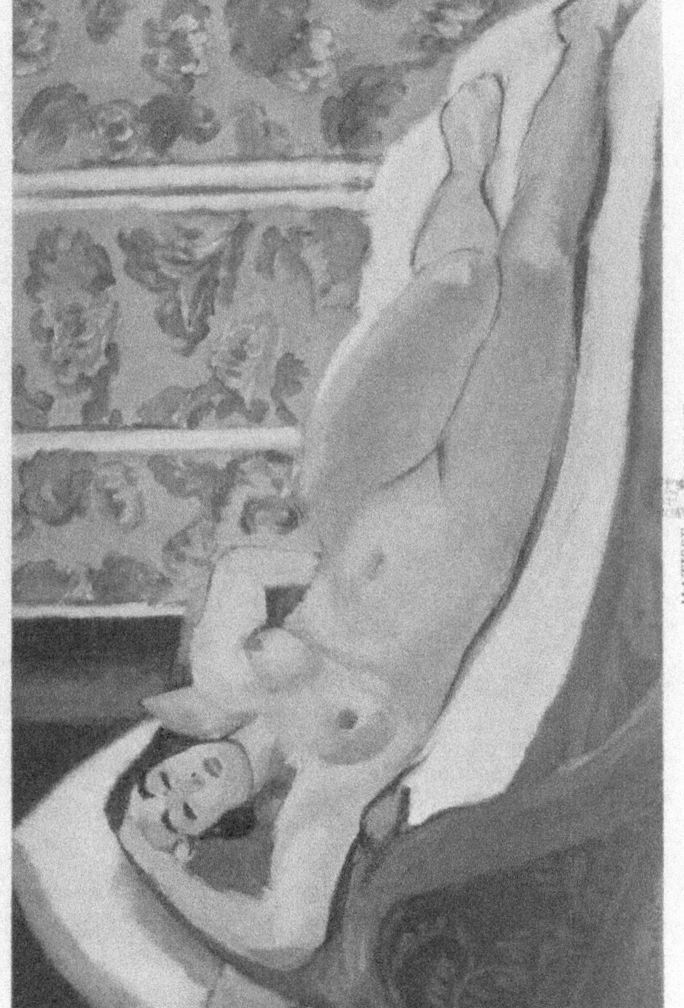

MATISSE. — FEMME NUE.

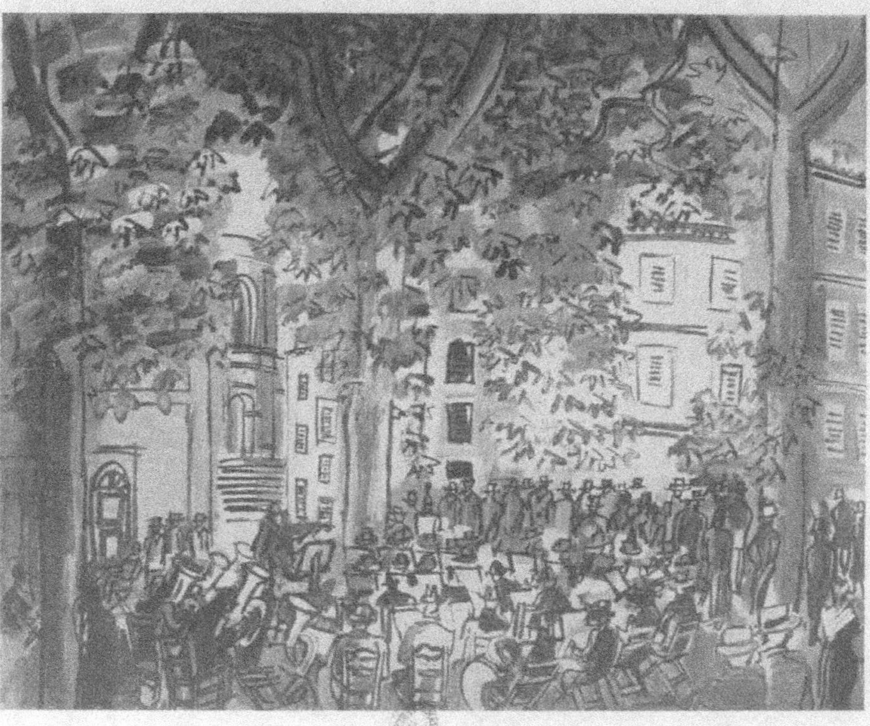

RAOUL DUFY. — La musique dans le square.

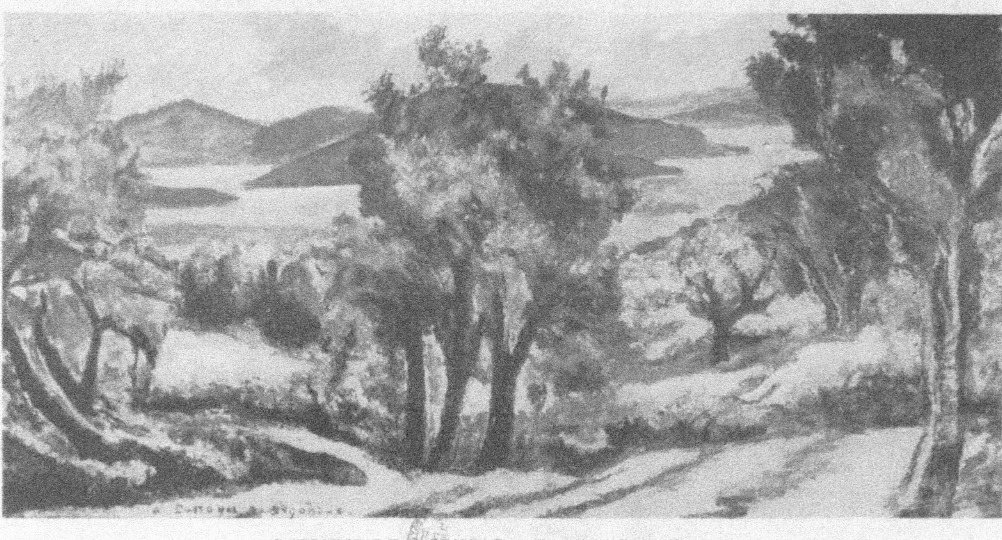

DUNOYER DE SEGONZAC. — Paysage à Saint-Tropez.

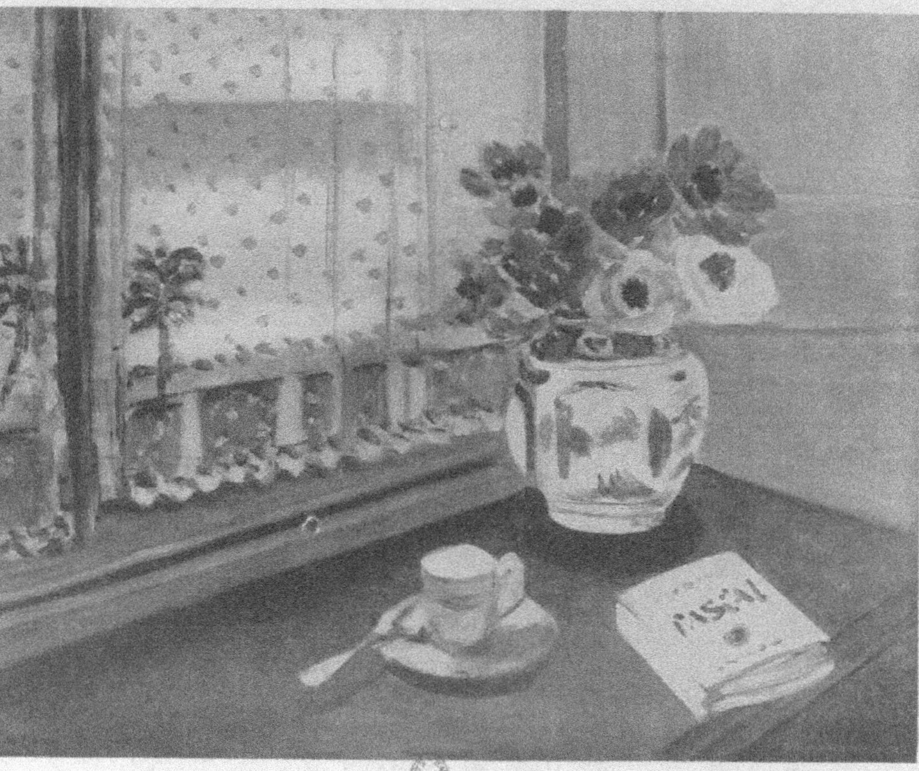

HENRI MATISSE — LES PENSÉES DE PASCAL.

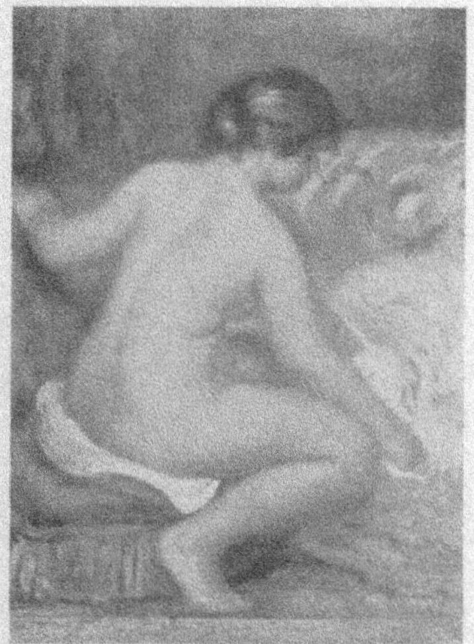

RENOIR.

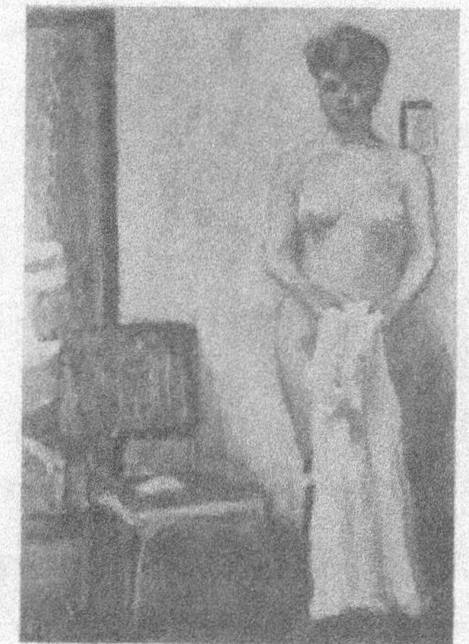

P. BONNARD.

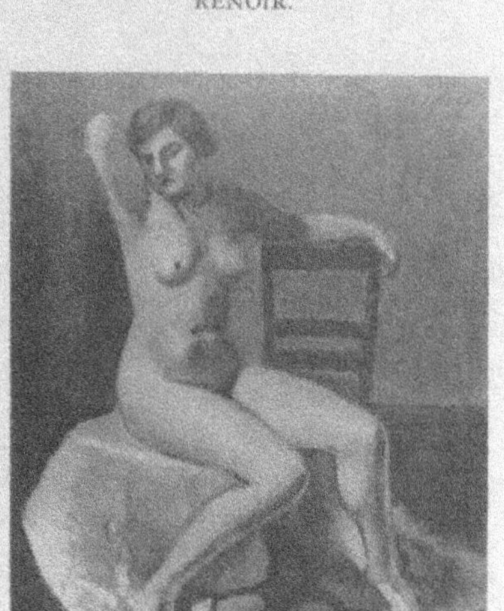

DERAIN.

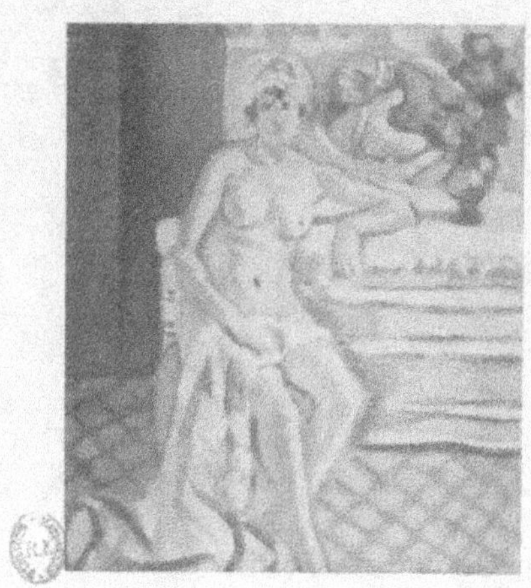

HENRI MATISSE.

QUATRE ÉTUDES DE NU.

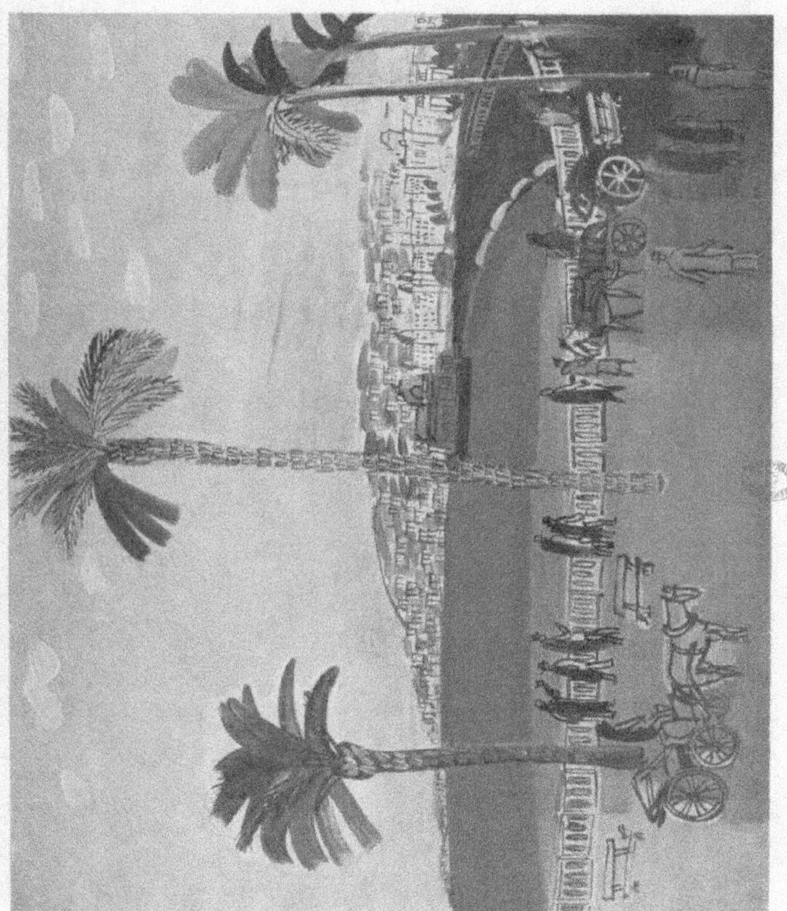

RAOUL DUFY. — VUE DE NICE.

pas éclairci extraordinairement le domaine de la couleur ? Ils y arrivaient par des moyens analytiques assez compliqués, mais cette initiation à plus de clarté devenant une accoutumance, il était possible d'aller directement de cette analyse à une plus grande simplification tout en gardant ce qui constituait le plus évident résultat. Les néo-impressionnistes avec le « mélange optique » semblaient substituer au travail des impressionnistes eux-mêmes d'autres et nouvelles complications. Mais, en réalité, ils ramenaient la peinture à une franchise de tons moins variée dans les résultats. Or, une observation sur laquelle je ne saurais trop insister, car je ne crois pas qu'on l'ait jamais nettement formulée, permet de conclure qu'eux aussi ont gagné pour leurs successeurs des facilités nouvelles. En effet, et ceci est très important, artistiquement et scientifiquement, les grands à-plat des peintres comme Marquet, et nous ferons la même constatation pour Matisse qui nous reste à voir, ne sont *unis* qu'en apparence et au premier coup d'œil.

D'une part, ils agissent les uns sur les autres en vertu de conséquences très fines et très subtiles du principe des complémentaires, (celles-ci dans les expériences de Chevreul ne se démontraient que par des oppositions vives et tranchées des tons élémentaires).

D'autre part, un ton plat à la Marquet, quand il est posé avec une telle justesse, n'est pas en réalité le ton uniforme qu'il semble être. *Notre œil, d'instinct, y perçoit les vibrations qui l'accompagnent physiquement, de même qu'en entendant une seule note nous en percevons, sans les distinguer aussi nettement qu'elle-même, les harmoniques.*

Ces remarques s'appliquent à tous les paysages de Marquet qu'il nous est donné de goûter après tant de chefs-d'œuvre de l'art moderne. *Alger* a bien inspiré l'artiste, comme on le voit dans deux vues du port, auxquelles nous rattachons une vue de *Tunis. Marseille* avait été également un de ses motifs de prédilection, et se trouve aussi représentée. *Notre-Dame de Paris* de même, que Marquet a toujours admirablement traitée. Enfin une vue des environs de *Mantes*, et une *Terrasse* surplombant la mer, d'une coupe et d'une perspective originales, complètent cette série très choisie.

Il ne nous reste plus à voir que les œuvres de Henri-Matisse et de Raoul Dufy.

Un critique de l'école moderne des plus sensibles et des plus distingués, Michel Puy, a écrit ces lignes fort curieuses qui ne sont pas sans utilité pour comprendre les tendances et la nature des nouveaux artistes : « Peu à peu leur dessin s'est condensé et pour lui ajouter de la force, ils n'ont pas craint de le soutenir par des couleurs éclatantes. Ils cherchaient à préciser la ligne et ils *la sollicitaient jusqu'à la rendre parfois contractée et elliptique*. Ils sont arrivés à se préoccuper davantage de *la ligne pour elle-même* que pour ce qu'elle apportait de force à leur dessin, et ils ont voulu lui assurer une place dominante dans leur composition. *Partis d'une observation étroite de la réalité, ils ont fini par viser surtout à la fantaisie.* » Les passages que j'ai soulignés définissent parfaitement le caractère du dessin d'Henri Matisse de quoi l'écrivain peut dire aussi que « pour lui ajouter de la force, le peintre le soutient par des couleurs éclatantes. »

Au reste, écoutons ce peintre lui-même, puisque nous avons la bonne fortune de l'entendre expliquer son but et sa façon d'y atteindre : « Je ne fais guère de distinction entre le sentiment que j'ai de la vie et la façon dont je le traduis. L'expression réside moins à mon sens dans la disposition du sujet que dans la disposition du tableau, la manière de situer les objets, l'air, les vides qui circulent autour d'eux. L'expression issue de la composition se modifie suivant la surface à couvrir, l'objet trouvant ses rapports suivant la place qu'il occupe dans l'espace... Il y a deux façons d'exprimer les choses. L'une est de les montrer brutalement, l'autre de les évoquer. Pour y parvenir, je tente de les approcher, de les préciser, par leur caractère individuel et par les rapports entre les éléments qui les composent et les situent : ces rapports existent moins entre les combinaisons des couleurs qu'entre celles des formes ».

Évidemment ces préoccupations d'esprit et ce langage même sont un peu bien subtils, mais on ne peut contester qu'ils soient très caractéristiques de l'époque et de l'art actuels.

Or, il est certain qu'en ces années écoulées depuis la guerre, il s'est dépensé beaucoup de paroles et évaporé beaucoup de théories.

Il faut donc s'en tenir uniquement aux œuvres d'art, à ce qui reste d'art en elles une fois qu'elles ont été expliquées et discutées. Nous regarderons les peintures d'Henri Matisse abstraction faite, même, des intéressantes idées que nous venons de lire. Celles-ci contiennent d'ailleurs une théorie parfaitement juste des possibilités, des nécessités même d'un dessin qui ne soit pas un simple exercice grammatical. Ne disait-on pas déjà, au temps du brillant groupe sorti des enseignements de Lecoq de Boisbaudran : « Le dessin, c'est la déformation » et cette définition qui date de trois quarts de siècle n'est-elle pas le germe de celle qui précède ? Mais faisons abstraction également de nos habitudes de contrôler les œuvres avec nos souvenirs, et examinons, par conséquent, une des œuvres de Matisse que nous voyons dans la collection. La plus simple, par exemple, et une des mieux venues, celle qui représente une femme qui lit accoudée. Elle nous plaît d'abord par la fraîcheur du coloris, l'harmonie de ce corsage blanc rayé de vert, avec la délicatesse de la carnation et le décor sobrement indiqué. Quant au dessin, il faudrait être incapable de distinguer la vérité d'un mouvement et l'attrait d'une arabesque, pour ne pas goûter le charme en apparence très simple, mais au fond très savant, de cette jolie figure.

De même un morceau non moins réussi, mais déjà plus complexe, est ce nu couché qui est vraiment d'une souplesse très séduisante, et d'un modelé en pleine lumière, sans facile contraste de clair et d'obscur. Ne fût-ce que dans cette peinture, Matisse aurait déjà remis en pratique une des qualités plus d'une fois reperdues de l'École française, notamment dans les portraits de la Renaissance (Clouet, Corneille de Lyon, etc.) de cette façon de modeler. La ligne, onduleuse, mais vivante, est en parfait accord avec cette claire et fraîche carnation. Et nous devons constater, encore une fois sans nous préoccuper de nos préjugés et réminiscences, qu'il y a là une double trouvaille, de dessin, et de couleur.

Nous retrouverons sans avoir besoin de les examiner dans le détail les autres peintures, dont les qualités sont analogues à celles dont nous venons de choisir deux exemples. Notamment : une jeune femme debout dans une villa au bord de la mer, les accessoires (ici un bouquet) jouant le rôle de cet élément « de composition » défini par le peintre ; —

puis une scène en plein air d'un artiste avec son modèle ; — puis une
invention curieuse, d'un *Concert* costumé, qui donne raison à la
remarque de Michel Puy, relativement à la tendance qui devait
ramener les nouveaux peintres à la fantaisie par le chemin d'un dessin
« elliptique ».

L' « ellipse » n'est pas moins prononcée ni moins heureuse dans ses
effets avec les diverses autres peintures de Matisse, notamment certains paysages d'*Etretat*. Enfin dans un petit nu assis, vu de face, de
couleur très vive, il allie le réaliste avec l'ornemental.

*
* *

Je note en passant, quoique se détachant un peu de notre cadre,
la présence dans la collection de deux vues de *Venise* par Van Dongen
qui, par leur perspective bien trouvée et le dessin typique réduit à
l'essentiel, sont un des plus curieux exemples de la sténographie des
formes. Mais j'observe en même temps que ces abréviations émanent
entièrement de constatations à peine exagérées par un tour d'esprit
humoristique, tandis qu'avec Raoul Dufy sur qui se terminera le long
parcours que nous avions entrepris de plus d'un demi-siècle d'impressionnisme, nous voyons une toute autre manifestation qu'un
simple examen va nous montrer pourtant comme en étant dérivée.

Convenons tout d'abord que Raoul Dufy est un décorateur des
plus personnels et des plus séduisants. Cela n'est pas très difficile
puisque soieries, céramiques, papiers peints, tapisseries exécutées à
Beauvais lui constituent déjà une œuvre importante et appréciée. Mais
l'art actuel présente deux principaux systèmes de décoration. L'un qui
est issu du « cubisme » et qui se caractérise par les systématisations
d'une géométrie plus ou moins arbitraire. Rien de pareil dans le parti
décoratif de Dufy qui, à l'opposé, fuit l'abstraction, mais au contraire
accepte avec la plus entraînante vivacité la sensation de nature dont
les éléments principaux se dégagent immédiatement à ses yeux. C'est
ainsi, par exemple, qu'il sera frappé par la ligne dentelée que fait le
clapotis des vagues, et alors pour indiquer la mer il se contentera de
tracer cette dentelure sur une surface bleue, à la façon d'un enfant,

pourrait-on dire, mais d'un enfant qui aurait beaucoup d'esprit. De même d'un ensemble d'édifices ou d'un amas de maisons, ce qui, pour employer une expression familière, mais qui ici devient singulièrement exacte, *saute aux yeux*, c'est l'innombrable gril que figurent toutes les fenêtres alignées et superposées, encloses dans des figures rectangulaires. Mais nous, moins sensibles que nous ne devrions être à cette perception immédiate, nous la voyons dans toute une complexité de plans, de nuances, d'ombres et de lumières, que *l'impression soudaine* de Dufy éliminera quand il aura à reproduire ce spectacle. De même pour la couleur, dont il ne retiendra que la grande dominante, et ainsi il poussera jusqu'à l'extrême le parti de simplification que nous avons noté dans les paysages de Marquet.

Ainsi, dessin ramené à sa plus simple expression avec une grande sûreté, et couleur dégagée des jeux et réactions insaisissables mais que c'était la gloire de Monet d'avoir saisis, nous sommes arrivés chez Dufy à un dernier mot de l'impressionnisme, un *impressionnisme élémentaire*. La spontanéité, la mémoire, et en même temps la fantaisie qui sont le propre de cet artiste, donnent, réunies, à ses ouvrages une saveur, qui, il est nécessaire de l'affirmer, n'aurait plus aucun prix chez des imitateurs de son écriture et de son chromatisme.

Des œuvres nombreuses dans la collection Canonne nous permettent de suivre l'acheminement partant d'études peintes plus réalistes et de dessins aquarellés, au contraire plus rapides et plus sommaires, jusqu'à cette adoption définitive d'un moyen d'expression dont il peut jouer indéfiniment avec la même prestesse, le même tact et le même esprit inventif.

Nous avons suffisamment analysé les caractères propres à cette œuvre et qui s'appliquent également à tout ce que nous en voyons dans la collection, pour ne pas faire double emploi par des descriptions détaillées. Car un tel art est trop direct et trop simplifié, pour ne pas devancer toute description. Nous n'aurons donc qu'à énumérer les principaux feuillets de ce multiple album. La *Baie de Nice*, en bleu majeur, avec les deux palmiers qui encadrent la balustrade longeant la mer, et l'étagement de ses maisons autour du Casino ; puis, en vert majeur également, la *Musique dans le Square* ; enfin *Le Havre, Sainte-*

Adresse, *Pont-l'Evêque* et *Antibes*. Enfin de nombreuses œuvres de début montrant l'acheminement progressif de l'artiste, et des aquarelles offrant le même agrément de vivacité et d'humour.

* * *

On ne saurait non plus infliger au lecteur de longues conclusions sur l'admirable spectacle qui nous est passé sous les yeux et qui comprend tout un enchaînement de talents, de recherches et d'apports. Chacun d'eux a été noté, commenté et apprécié au fur et à mesure de la présentation que nous en faisait l'histoire elle-même et des exemples décisifs que nous en fournissaient le goût et la passion éclairée du collectionneur.

Ainsi une collection particulière nous a permis de tracer un tableau complet et logique de l'impressionnisme depuis son affirmation, présenté par ses plus importants protagonistes. Peut-être pour la première fois a-t-on rattaché ici toute cette suite de résultats acquis pour l'art moderne, dont les réciprocités n'avaient pas été déterminées et que le voyage de génération en génération nous a permis d'indiquer sous notre responsabilité de critique. Il est possible que l'on discute cette théorie d'enfantements successifs, par influence ou même par réactions. Il est certain cependant qu'ils se rapportent beaucoup plus naturellement les uns aux autres que chacun d'eux ne pourrait faire, par exemple, à l'art de tendances traditionnelles, aussi bien qu'à celui des abstractions dite surréalistes, mais qui devraient être plutôt dites extranaturalistes.

Mais ce qui demeure de tout cela et ce que le présent ouvrage commémore, c'est un ensemble d'importance capitale, très harmonieux dans le rapprochement de tous ses éléments, qui eux-mêmes sont tous précieux ou significatifs et dont aucun ne peut laisser indifférent ceux qui sont sensibles aux vertus évocatrices de la couleur.

TABLE DES CHAPITRES

SITUATION DES GRAVURES
DANS CE VOLUME

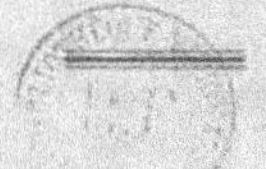